華爾街頂尖操盤手的
黃金投資法

高橋丹 ——— 著

伊達直太 — 執筆協力　　　張嘉芬 ——— 譯

U0014196

・除另有指定外，本書所提及之「美元」皆指「US dollar」，貴金屬價格皆為「每盎司（troy ounce）報價」。

・黃金投資有漲有跌，投入資金會有跌破成本的風險。

・本書以提供投資參考資訊為目的，無意鼓勵讀者投資特定金融商品。

・因使用本書資訊所生之一切損害、損失，本書出版社、作者及製作本書之相關人士概不負責。

・投資決策應由投資人自行負責。

Gold is the Answer!
黃金就是致富之鑰

本書的主題是黃金（Gold）。

我自許這是一本全世界最簡明易懂的黃金投資專書，匯集了黃金投資從進場到退場的完整資訊。

「為什麼要談黃金？」

「要投資的話，應該還有其他重點商品吧？例如股票、外匯等等。」

我簡直聽到有人會這麼回應了。不過，我會選擇探討黃金投資，其實有非常明確的理由。

雖然黃金的關注程度偏低，但它仍是個深具潛力的投資商品。

很多日本人對退休金制度憂心不已，或為養老資金不夠而發愁，而我認為本書介紹的黃金投資，就是解決所有經濟問題的最佳解方。

為了讓更多人了解這一點，我才會起心動念，想用一整本書的篇幅來談黃金投資。

請讓我做個簡單的自我介紹。我二十多歲時曾在華爾街的投資銀行任職，後來成立了避險基金。

　　三十歲時，我賣掉了避險基金，周遊全球近六十國，並於 2019 年回到我出生的故鄉——日本。

　　這些工作經驗中，我觀察到日本人律己甚嚴，投資黃金成功獲利的機會，比其他國家更高。然而，與他國相較下，日本人對投資黃金的興趣實在非常低落。也就是說，日本人明明具備了投資黃金的卓越資質，而投資黃金也能解決對老後長期資金需求的擔憂，但日本人卻沒有好好運用這個大好機會。

　　今後的日本將因為少子高齡化，導致經濟力難以成長。

　　一旦經濟成長放緩，就很難期待國家、企業願意再像過去那樣，保障個人生活無虞。

　　我們要懂得對抗通膨，也要懂得如何在像新冠病毒疫情這種**突發事件當中，保護個人資產**。

　　目前包括日本在內，已開發國家的中央銀行，都為市場注入了龐大的資金。

　　在利率處於歷史低點的狀態下，錢就算存進銀行，也不會增加；況且只要資金供給量增加，**「錢」**的價值相較於**商品，會變得越來越薄**。

　　如果你還沒有開始投資，那麼再這樣下去，你的人生

恐怕將蒙受極大的機會損失。

為什麼我會這樣說呢？因為投資的期間越長，資產就會因為複利的效益，而像滾雪球一樣越滾越大。

拿投資獲利來加碼投資，進行反覆操作之後，投資金額就會越來越多，而獲利也會水漲船高。

當然我沒有獨尊黃金的意思，股票、債券、不動產和現金等，也很重要。

不過，考量到分散投資的觀點，有「終極安全資產」之稱的黃金，當然必須列入資產配置的選項之一。

因為市場上所有的數據資料，都指向「**黃金就是致富之鑰**」（Gold is the Answer！）這個結論。

開場白就差不多說到這裡。

我會把我對黃金投資的了解，從說明「為什麼要選擇黃金」的原因，到短線、長線的具體投資方法等，全部濃縮在本書當中。

相信所有讀完這本書的人，都能更有邏輯、系統地了解「黃金就是致富之鑰」的真正意涵。

那麼，接下來就請翻開下一頁，踏出投資黃金的第一步。

期盼本書能幫助各位讀者發揮投資黃金的卓越資質，開創出富裕的人生。

目　錄

第 2 章 何謂黃金？

第 3 章 投資黃金的七大類商品

第 4 章 **長期投資策略**
訂出規則,機械式地定期定額投資

第 5 章 **短期投資策略**
從線圖上看買點、賣點的訊號

結 語

你必須投資黃金的
六大理由！

1 無懼全球股市暴跌的 最有力保險

緊接著進入正題。

本章的主軸是「為什麼買黃金比較好」。

買黃金的第一個理由,是因為當市場爆發前所未有的 嚴重崩盤(Crush)時,它能成為守護資產的「保險」。

或許有人會說:「丹先生,不會真的大崩盤啦(笑)」。

然而,重點不在「會不會崩盤」;

而是「萬一崩盤時該怎麼辦」。

○── 黃金能抗暴跌

以新冠病毒的疫情為例,美國市場(道瓊指數)在短 短一個多月之間狂瀉近40%;日本市場(日經指數)也在 約一個月內暴跌了近30%。

危險的不是只有股市而已。

崩盤的特色,就是所有金融商品都面臨沉重的賣壓,

而不是只有特定商品遭殃。

實際上，疫情爆發當時，不僅僅科技股被拋售，低價股跌得更低，就連全球主要貨幣——美元和原油，也都賣單高掛。

此外，以往比特幣曾一度成為股市行情重挫時的資金避風港，但在這波疫情下，也從 100 萬日元狂瀉到了 40 萬日元前後。

當市場出現這種崩盤狀態時，靠退休金過日子的人該怎麼辦？

很多人在退休後，無法光靠退休金支應生活所需。

於是便一點一滴拿出手頭積攢的資產來過日子。

一旦金融商品暴跌，堪稱生命線的資產將大幅縮水。

他們的生活根基，當然也會受到撼動。

對於還在職場上奮鬥的世代而言，其實也不能置身事外。

我們為了「養老」、「孩子」，而一點一滴累積的資產，說不定會因為一次的雪崩暴跌，而化為烏有。

如果這些事並非絕無可能，那麼最好的對策，就是提早做好備妥保護資產的準備。

這個對策就是「買黃金」。

因為在眾多投資商品當中，黃金特別能抗崩盤，而這一點也早已在歷史上獲得證明。

暴跌後一個月，漲回原價

　　看新冠病毒疫情爆發後的道瓊工業指數，可以輕易發現在暴跌後約半年，股價就回復到暴跌前的水準。

　　和以往的崩盤相比，這次回復的速度可說是相當快。

　　當年，被視為是「百年難得一見」的金融海嘯爆發時，道瓊和日經指數都花了近五年的時間，才回復到崩盤前的水準。

○ 新冠病毒疫情爆發後的道瓊工業指數

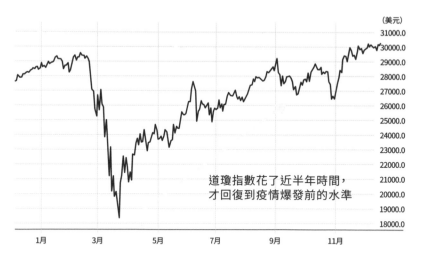

資料來源：TradingView　http://jp.tradingview.com/

在股價狂瀉之際，金價走勢又是如何呢？

來看看同一時期的金價走勢圖，就可以發現：黃金除了在股市崩盤時曾短暫下跌外，後來只花了近一個月的時間，價位就回彈到崩盤前的水準。

○ **新冠病毒疫情爆發後的金價走勢**

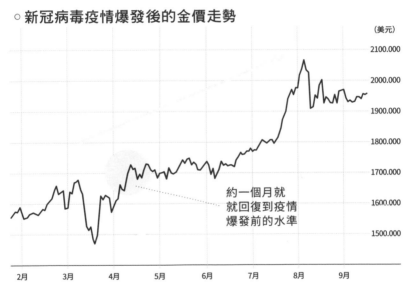

資料來源：TradingView　http://jp.tradingview.com/

如前所述，股價要到半年後才重回疫前水準，但黃金只花了一個月。

況且黃金還不光只是站回原價而已。在股價指數收復失土，也就是疫情爆發的半年後，金價竟比重挫前還多漲了兩成。

○ 金融海嘯爆發後的道瓊工業指數

2008年9月
雷曼兄弟破產

花了好幾年
才回復到金融海嘯前的水準

(美元)
15000
14000
13000
12000
11000
10000
9000
8000
7000
6000

2008　7月　2009　7月　2010　7月　2011　7月　2012　7月　2013

○ 金融海嘯爆發後的金價走勢

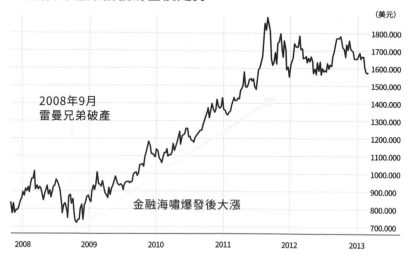

2008年9月
雷曼兄弟破產

金融海嘯爆發後大漲

(美元)
1800.000
1700.000
1600.000
1500.000
1400.000
1300.000
1200.000
1100.000
1000.000
900.000
800.000
700.000

2008　2009　2010　2011　2012　2013

資料來源：TradingView　http://jp.tradingview.com/

金融海嘯爆發後，也出現過同樣的現象。以美元計價的黃金價格來看，金融海嘯爆發前的金價是 900 美元，爆發後開始一路急漲，到 2011 年時已來到 1800 美元的價位。

　　正如一句俗語所說「出事就買黃金」，代表當市場殺聲隆隆時，金價往往會呈現上揚的趨勢。

　　當金融市場大崩盤時，股票等資產會縮水，這時只要持有黃金，就能因價揚而獲利，彌補我們在股市的虧損。

　　附帶一提，黃金是可在金融市場交易的主要貴金屬之一。其他像是銀、鉑、鈀等，也都是貴金屬類的範疇。

　　不過，和這些貴金屬相比，黃金仍是最能在崩盤中逆勢抗跌的資產。

───○ 花二十五年才站回原價

　　經歷新冠病毒疫情帶來的金融恐慌後，很多人都對「市場其實很容易崩盤」一事有切身體會。

　　沒人知道下一次金融危機什麼時候會爆發。不過，我認為不遠的將來，金融危機還會再發生。

　　不僅如此，我認為市場上很有可能爆發比新冠疫情或金融海嘯時更嚴重的崩盤。

　　我的根據有以下兩點：

第一，不管就歷史、機率或是統計上來看，大崩盤其實是定期發生的事。

在經濟學和市場行情的領域當中，一般認為每隔七到八年週期，就會發生一波中型規模的崩盤。

在我的認知中，新冠疫情造成的金融恐慌，就是這種類型的崩盤。

除了中型規模的崩盤，業界也認為每隔五十到七十年，就會爆發一波大崩盤。

還在職場上打拚的族群，恐怕很少有人知道五十到七十年前發生了什麼事。

換句話說，當下一次爆發市場大崩盤時，劇烈程度或許會是我們「這輩子沒看過」的水準。

說到大崩盤，美國在1930年代爆發的經濟大蕭條（The Great Depression），應該是大家耳熟能詳的例子。

引爆這場經濟大蕭條的關鍵，是1929年紐約股市的雪崩暴跌（10月24日，這一天通稱「黑色星期四」、「Black Thursday」）。

在這一波暴跌前，道瓊工業指數還有350點以上，孰料隔月大盤就跌到只剩兩百多點。儘管單日跌幅僅逾10％，但當時卻是每天、每週都這樣一路走跌。據說這一波暴跌行情當中，市場上蒸發掉的金額，竟相當於美國政府十年份的預算。

○ **經濟大蕭條時的道瓊工業指數**

資料來源：Macrotrends　http://www.macrotrends.net/

　　後來，儘管股市一度止跌，但不幸又再探底，跌跌不
的走勢持續了近三年之久。

　　最後跌勢到了 1932 年才觸底，當時的股價僅有 41 點。

　　由上圖可看出，和崩盤前的行情相比，指數跌到僅剩
約十分之一。而且這一波跌勢觸底後，並沒有馬上反彈。

　　直到「黑色星期四」爆發的二十五年後，也就是 1954
年時，道瓊指數才又站回崩盤前的價位水準（350 點以上）。

　　前面提過，金融海嘯爆發後，道瓊指數花了年時間，

才重新站回海嘯前的價位。遇有堪稱「蕭條」等級的大暴跌時，股價有時要花十年、二十年之久，才能收復失土。

⚪ 擦鞋童

順帶一提，在投資界中有個非常著名的「擦鞋童」故事，它的時代背景恰好是大蕭條時期。

故事的主人翁，是前美國總統約翰・甘迺迪（John F. Kennedy）的父親——老約瑟夫・甘迺迪（Joseph P. Kennedy）。

大蕭條爆發前，老約瑟夫・甘迺迪在股市泡沫之中，身價一路水漲船高。然而，就在股市崩盤的前一年，亦即1928年冬天，老約瑟夫・甘迺迪前往辦公室的途中，請一位擦鞋童幫他擦鞋。沒想到，擦鞋童竟和他聊起了股市。

「叔叔，我推薦××××的股票，您也買一點吧！」

擦鞋童只說了這句話。

據說老約瑟夫・甘迺迪聽到後，萌生了股市即將崩盤的預感。

因為，股票要有新的投資人接手，股價才會繼續上漲。

如果連原本跟投資股票無緣的擦鞋童，都開始對股票那麼感興趣，就表示接下來還能投入市場買股的投資人已達上限。這個想法促使他出清了手中所有持股，平安躲過幾個月後爆發的那場大蕭條。

以市況來說，當年的環境，或許和2017～2018年吹

起的比特幣泡沫很相似。2017 年底，1 比特幣（BTC）的報價突破 200 萬日圓（約 46.3 萬新台幣）*，社會上到處都在談比特幣和虛擬貨幣的話題。

以往沒接觸過比特幣的投資人，也紛紛加入投資比特幣的行列，發展出一段大多頭行情。結果後來，比特幣價格連續下跌超過一年，降到 40 萬日圓（約 9.3 萬新台幣）的價位，不到高點時的五分之一。

我無意批評比特幣的長期投資，但各位操作時，切記「價格波動是一筆鉅額資產」的道理，並謹慎為之。

○── 債務水準極高

言歸正傳。

若以「每隔五十到七十年，就會爆發一次大崩盤」的論述為基礎，那麼現在早已過了那個時間點。

換句話說，就現況而言，其實什麼時候再爆發像大蕭條那樣的崩盤狂瀉，都不奇怪。

甚至也有人認為，1987 年的黑色星期一（Black Monday）股災，或 2008 年那場被視為「百年難得一見」的金融海嘯，其實就是這種週期性的大崩盤。

---

* 編按：本書所有匯率以 2022 年 5 月為準。

從 1929 年的大蕭條開始算起,「黑色星期一」是相隔近五十年的大事,金融海嘯則相隔約八十年之久,以週期間隔來看的確是吻合。

如果這兩次崩盤的其中之一,真的為市場洩去了累積多年的崩跌能量,讓下一場大崩盤能再推遲到幾十年後的話,那當然是皆大歡喜。

然而,我對這樣的看法抱持懷疑的態度。

會做這樣的判斷,是因為包括美國在內,各國政府與民間的舉債金額都在持續攀升,而我認為全球經濟因為負債增加而崩盤的機率,恐怕正在逐步攀升。

我之所以研判在不久的將來會發生大崩盤,還有第二個根據。

早年我還在當交易員時,華爾街就盛傳「全球經濟總有一天會被債務壓垮」。

舉債金額增加其實並非全然不好。

關鍵在於,GDP 等指標中呈現的經濟成長率和負債的比例。

一個國家的經濟在成長時,會借款來挹注設備投資等項目,以提高產量,創造利益。

然而,如今並沒有戰爭或戰後重建所帶動的物資需求,反而是需求不見成長的時期。

在這種情況下不斷攀升的債務水準,並非什麼好現象。

事實上，當年爆發大蕭條時，造成金融市場崩盤的背景因素，其實就是國內市場的需求低迷。

　　當時受到第一次世界大戰的影響，歐洲先進國家的生產力處於低檔狀態。

　　另一方面，美國並未受到戰火波及，再加上嬰兒潮帶動住宅需求增溫，還有從戰時就持續外銷商品到歐洲各國等因素推波助瀾，讓美國得以一步步成長。

　　戰爭結束後不久，當需求力道開始放緩，美國國內的需求和購買力，也都呈現低迷狀態。

　　不過，股市卻因為民眾瘋買股的投資熱潮，而持續呈現過熱的狀態。

　　由於兩者之間的差異越拉越大，有些投資人察覺「需求（實體經濟）多寡與股價漲跌，似乎沒有連動」的現象，而開始賣出持股，點燃了大蕭條爆發的引線。

　　美國政府的舉債金額（含政府與民間）相對於 GDP 的占比，隨著大蕭條不斷逼近而節節攀升，並在大蕭條過後驟降──這是因為美國找回了成長力道，使舉債金額回落到符合成長力道的水準所致。

　　相較之下，「黑色星期一」或「金融海嘯」過後，儘管占比略有漲跌，但負債比率反而一路攀升，不見大蕭條般的回落走勢。

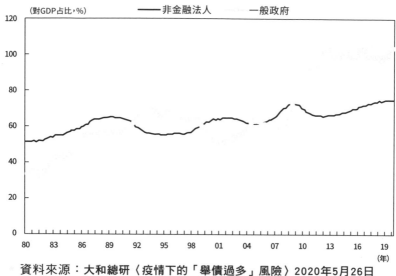

○ 美國政府及民間債務相對於 GDP 的占比

(對GDP占比，%) ——— 非金融法人　　　一般政府

資料來源：大和總研〈疫情下的「舉債過多」風險〉2020年5月26日

　　單就這張圖表來看，許多華爾街金融專家憂心的「債務引發崩盤」，發生機率相當高，說是「有機會發生比金融海嘯更嚴重的崩盤」也不為過。

　　這樣看下來，現在恐怕不是笑著說「不會真的大崩盤啦」的時候。

　　因此，為了在崩盤時保障資產而提前布局黃金，其實是有充分理由及意義的行動。

抗通膨，
讓資產不貶值的保障

　　我建議各位購買黃金的第二個理由，是因為它「足以抗通膨」。

　　「現金是最能對抗市場暴跌的資產。」

　　不少人應該都有這樣的觀念。

　　現金的確是風險最小的資產。

　　要讓個人資產安渡崩盤，最安全的方法，就是把股票等投資商品全都變現。

　　然而，這種做法有兩個問題。

　　第一，現金持有再久，都不會增值。

　　誠如各位所知，包括日本在內，許多已開發國家都採取低利率或零利率政策。因此，就算把錢存進銀行，幾乎可以說是完全不會增值。

　　倘若每個月還可以靠薪水來累積資產的話，那倒不成問題，但絕大多數的民眾都為退休養老金感到不安也是事實。

　　如果未來利率還會上調 3％、5％，這個問題就能迎刃而解，背負風險去投資的必要性自然也會降低，但相信未

來利率並不會大幅彈升。

就算利率真的上調，但只要物價飆升得更快，民眾的生活水準勢必會更加拮据。

這就是持有現金的第二個問題——難以抵抗通膨（通貨膨脹）。

所謂的通膨，簡單來說就是商品價值上升，貨幣的價值下跌。

假設各位現在手邊有一億日圓（約新台幣 2300 萬），覺得自己「接下來三十年都衣食無缺」，但如果物價翻漲成兩倍，這筆資金可能十五年就會見底；要是翻漲成三倍，這筆資金或許就只夠維繫十年的生活所需。

───○ 通膨率太低會影響投資熱度！

那麼，未來日本發生通膨的機率究竟有多少？

我想各位應該知道，過去三十年來，日本幾乎不曾經歷過通膨洗禮。

說個題外話。我小學時曾在日本住過一段時間，當時很喜歡一款叫做「GUMI 軟糖」的零嘴，記得那時一包大概 100 日圓（約新台幣 23 元）。

後來我到了美國，完成大學學業、到華爾街上班，又

輾轉旅居全球各地，到 2019 年才又返回日本。當我走進睽違已久的超市，看了看「GUMI 軟糖」的價錢，發現它竟然和當年一樣，一包還是賣 100 日圓。

雖說光看「GUMI 軟糖」不代表一切，但這麼長一段時間以來，日本都不曾發生通膨，在全球各國當中實屬少見。

不曾經歷通膨的洗禮，民眾便很難體會「現金會貶值」的道理。難怪日本人對投資不甚積極，卻很愛儲蓄。

不論是難以感受到投資的必要性，或是認為「滿手現金最安全」的觀念，都是在不曾發生通膨的近三十年來，所養成的一種民族性和既定觀念。

○ 不投資風險更高

這裡我希望各位思考一件事：過去三十年都不曾發生通膨，不代表未來還會繼續維持同樣的狀況。

為了預防通膨風險，我們必須把手上的部分現金轉為金融商品。

所謂的金融商品，就是在通膨時容易上漲的股票、不動產和貴金屬等。當現金因通膨而貶值時，只要我們持有那些在通膨環境中仍會上漲的股票，比較能讓總資產維持一定水準。

不過，遇上通膨仍有漲勢可期的投資商品，我想推薦的正是黃金。

會做出這樣建議，是因為股票和不動產都屬於能抗通膨的投資工具，卻很容易受到景氣波動的影響，讓投資人必須承擔一定的風險。

◯ 不景氣和通膨，兩者都要提防

基本上，通膨和景氣會呈現連動的趨勢，但兩者之間的連動關係，並非絕對。通膨主要可分成兩種：

一種是景氣轉好，薪水上漲、市場需求升溫、商品產量增加，導致物價隨之走揚。

這種通膨會在景氣大好時發生，因此即使物價喊漲，對生活、家庭開銷、企業經營的影響，都屬輕微。

另一種是在景氣不變，市場需求也沒有升溫的狀態下，生產成本等開銷上漲，物價也「漲」聲四起的通膨。

這種通膨的發生，與景氣好壞無關。發生在景氣低迷或衰退時，通常會加重民眾在生活上的負擔。這就是所謂的停滯性通膨（stagflation）。「停滯性通膨」一詞的由來，是結合代表景氣停滯的「stagnation」，以及有通貨膨脹之意的「inflation」。

以日本而言，1970 年代因為原油價格飆漲，導致物價

○ **日本的通膨率**

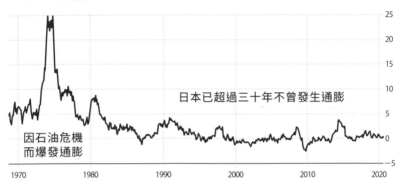

資料來源：Trading Economics　http://tradingeconomics.com/

急漲所引發的「石油危機」，就是停滯性通膨的案例。

原油價格上漲，物價也隨之喊漲，使得當時持續已久的「高度經濟成長期」宣告結束。

號稱能對抗通膨的股票市場，在這段時期的表現又是如何呢？其實當年經濟活動的發展開始走入瓶頸，股市也下挫。

儘管就特性而言，股票的確較能對抗通膨，但當年股市同時還深受景氣惡化的影響，因此就結論來看，股票並沒有在物價上漲之際，成為確保資產不縮水的保險。

反觀當時的金價，因為表現強勁，甚至還在急遽通膨和股市低迷的推波助瀾下，開出急漲走勢。

此外，1978 年 12 月，伊朗革命又引爆了第二次石油危機；隔年年底，蘇聯攻打阿富汗，美蘇關係急凍，又掀起了一波黃金搶購潮。

從上述例子中不難發現，黃金不僅是對抗通膨的利器，又不像股票或不動產那樣，有容易受景氣波動影響的弱點。

換句話說，黃金由於價格不易受市場景氣影響，故可長期持有；又因為可長期持有，故在面對不知何時爆發的通膨，或石油危機這樣的突發性通膨之際，黃金都是抗跌的好選擇。

──◯ 長期投資更要提防通膨風險

2019 年，日本社會到處都在討論「養老資金 2000 萬日圓」（約新台幣 460 萬元）這個關鍵字。

起因來自日本金融廳轄下的金融審議會整理了一份報告，其中指出：一名只靠退休金過活的普通銀髮家庭*，在退休且無職的情況下，大約還有二十到三十年的日子要過，所以需要備齊約 2000 萬日圓的存款才能支應。

離開職場的長者固然有退休金可領，但很多人的家計都是屬於透支狀態。為了填補透支的缺口，在職期間累積

＊ 譯註：家戶內只有 65 歲以上的老人，亦即獨老或雙老的家庭。

一定程度的財富，便顯得格外重要。

不過，這裡要特別留意的是：「2000 萬日圓」這個金額，是以現今的物價水準為基礎，所計算出來的金額，

要存到 2000 萬的確不容易，如果到時遇上物價上漲，恐怕有 2000 萬也不夠。

這就是通膨的可怕之處，也是我們要以「持有黃金」來為通膨風險預做準備的原因所在。

畢竟，不論是壽險或退休金，都有同樣的問題。假設我們為自己投保了壽險，身故後家人可領 5000 萬日圓（約新台幣 1500 萬元），但如果屆時物價上漲，很可能面臨保障不足的情況。

至於打算「靠每個月固定退休金過活」的人，萬一到了要領退休金的時候，物價已經翻漲，那麼恐怕要過入不敷出的日子了。

「反正有保險金，就算出了什麼事也能安心。」

「反正有退休金，應該沒問題。」

想必有很多人都抱持這樣的想法。

可是，像保險金或退休金這種很久之後才能請領的款項，更要顧慮通膨風險。所以，我認為最好的方法是撥出部分資金來投資黃金，為通膨風險預做準備。

另可參考「台灣黃金投資，第一次操作就上手！」：
〈概念篇〉黃金足以抗通膨嗎？（P.3）

3 供給量固定的有限資產

　　建議布局黃金的第三個理由，是因為即便黃金未來的供給量增加，但跌價的可能性卻相當低。

　　包括投資型商品在內，所有在市場上流通的商品，價格幾乎都取決於本身的供需狀況。最能呈現供需與價格結構的，就是用來說明定價理論的供需曲線圖。

　　首先，我們先來了解一下如何解讀右頁的圖表。

　　圖表的縱軸是價格，越往上，代表價格越貴；橫軸則是數量，越往右，代表數量越多。

　　一路往下的是需求曲線，代表市場上的「購買意願」。價格越高（圖表左上方），買方有意購買的數量就會減少；而隨著價格降低（圖表右下方），買方有意購買的數量就會增加。

　　另外，一路往上的則是供給曲線，代表供應商品到市場上的生產者或賣方的「銷售意願」。價格越低（圖表左下方），賣方有意出售的數量就會減少；而隨著價格提高（圖表右上方），賣方有意購買的數量就會增加。

○ 需求曲線和供給曲線

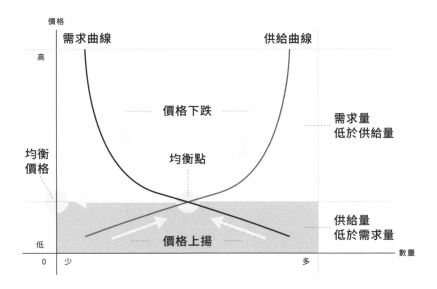

市場上的買賣，就是在這兩條曲線的交會處成立。而這兩條曲線的交點就是「均衡價格」，代表市場上的「購買意願」和「銷售意願」達成共識。

當需求量（願意購買的數量）低於供給量（願意銷售的數量）時，商品就會滯銷，市場價格就會隨之下跌。

當供給量（願意銷售的數量）低於需求量（願意購買的數量）時，商品就會短缺，市場價格就會隨之上漲。

供給量增加，價格就下跌

那麼，就讓我們來想一想：如果只考慮供給量高低，價格會出現什麼樣的變化？

舉例來說，假設這張圖呈現的是蔬菜價格，當農民豐收，收成了很多作物時，即使價格持平，但因供給量增加，所以供給曲線就會往右移。如此一來，均衡點就會往右下方挪移。也就是說，菜價會變便宜。

反之，如果蔬菜的產量因歉收而大減，那麼即使價格持平，也會因為供給量減少，使曲線往左移。如此一來，均衡點就會往左上方挪移，導致菜價上漲。

把這個機制套用到投資商品上，我們可以得出各類商品的價格，會「因供給量增加而下跌」的論點。

換句話說，越容易提高供給量的商品，以及越能透過生產來提高產量的商品，跌價的風險就越高。

從這個觀點出發，來思考投資商品的供給，就會發現：股票可透過增資，來增加個股在市場上流通的股數。

政府公債和公司債等債券，也可在政府或公司主導下，提高發行量。

至於現金則是由中央銀行主導印制，故可彈性增加印製量。

不動產投資的對象是土地，無法隨意增加數量。但可以藉由整理一些荒地，來增加實質可用的土地。所以儘管土地面積有限，卻可透過改建（將透天厝改建成大樓），來增加樓地板面積，因此仍可算是能提高供應量的資產。

　　在大宗物資領域方面，儘管黃豆和玉米等農作物的產量，會受當時的天候狀況影響，但其實還是可以設法提高產量。

　　常有人說石油蘊藏量有限，而且無法透過人力提高產量，所以從點來看，石油可歸類為供給量有限的資產。

　　然而，從能源的角度來看，除了石油之外，還有天然氣等能源可供選擇，新技術的出現，也催生了太陽能、地熱、沼氣等新能源的問世。

　　因此就算石油本身的數量有限，卻有其他能透過人力增加的能源，所以仍有面臨跌價的風險。

　　比特幣是透過「區塊鏈」這種分散式帳本來進行管理的虛擬貨幣。區塊鏈上會發行新的比特幣，提供給對更新帳本有貢獻者，但比特幣的發行量是有上限的，這是其發明人「中本聰」（Nakamoto Satoshi）的傑出設計。就供需管理的觀點來看，比特幣也是一套精緻的機制。

　　不過，石油的那一套概念，也可以套用在比特幣上。單就比特幣來看，的確是供給量有限，但就「虛擬貨幣」

（加密貨幣、crypto currency）的整體而言，其實陸續都有新的數位貨幣問世，總量也持續增加。

所以就廣義而言，虛擬貨幣確實也能透過人為操作來提高供應量。

黃金是無可取代的資源

在這些商品之中，就屬包括黃金在內的貴金屬最為特殊。

為什麼會說特殊呢？因為黃金等貴金屬是從地殼開採出來的資源，不僅蘊藏量有限，更無可取代，不像太陽能可替代石油，或山寨幣（Altcoin）可替代比特幣。

人類每年都會從礦山中開採出些許黃金，但在地球上開採黃金的難度越來越高，高品質的黃金生產，更是呈現停滯的狀態。

就技術而言，人工產金並非不可能，但這種人工合成既不敷成本，大量生產更是幾乎不可能。

「煉金術」一詞的背後，存在著許多人企圖憑一己之力，打造出高價黃金的夢想。

自古以來眾多工程師、科學家、富豪等不計其數的人，前仆後繼地投入冶金當中。聽說就連發現萬有引力的牛頓，也曾醉心於鑽研煉金術之中。

然而，不論任何人為煉金做了什麼樣的努力，迄今依

然功敗垂成。集結再多人類的睿智，都無法以人工打造量產這點，就是黃金最大的魅力，以及其價值所在。

附帶一提，由於發展煉金術的過程中，順帶開發了不少新科技，所以說「黃金」為全球科技發展貢獻良多，一點也不為過。

─○ 數量有限，故能安心持有

前述事實有什麼樣的涵義呢？代表黃金的供給曲線可能往左移，但要大幅往右偏移的機率很低。

理論上，只要供給曲線未大幅往右偏移，金價就不會大跌。

就算價格有波動，也只會往上攀升。若因為某些特定因素，導致市場上的黃金流通量大減，價格甚至還會大漲。

每一種投資商品都有跌價風險，但就供需狀況來看，黃金堪稱是跌價風險極低的商品。

目前全球已開採的黃金（即所謂的「地上黃金存量」，Above Ground Stocks）約為 19 萬噸，換算起來其實只相當於四座在奧運等國際比賽使用的標準泳池。

人類在過去幾千年的歷史當中，投入了好幾萬人的勞力，也只能開採出這些數量。

雖說地球上還蘊藏著一些尚未開採的黃金，但據說數量只有莫約五萬噸，且絕大部分都位在難以開採的地方。

我們甚至可以說，只要黃金還具備：不能以人力產製、不會自動增生、無法靠人工提高產量、難以開採——這些特質，就可以安心持有。

話說銀、鉑和鈀，也都具有類似的特性。

另外，再以稀有性和數量有限的觀點來看，「鈾」其實也屬於保值的類別。不過，鈾很難保存又具危險性，所以不適合持有，目前也沒有投資用的交易。

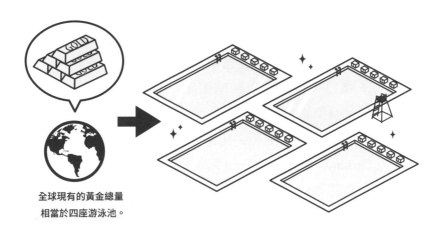

全球現有的黃金總量
相當於四座游泳池。

4 金價上看5000美元

應該購入黃金的第四個理由,是黃金未來上漲的機率很高。想必這也是許多有興趣的投資人最關心的部分。前面提到,黃金因為供給量有限,所以是相當抗跌的商品。

那麼,金價有沒有機會大漲?

我個人的看法是「金價上看5000美元」,但在說明這項判斷的根據之前,先讓我們了解一下金價波動背後的成因吧。

其實金價會與某種商品的價格產生連動。

那就是國際關鍵貨幣(key currency)——美元。

金價走勢與美元相反

美元與金價的關係,是所謂的「負相關」——也就是當美元走強時,金價就會下跌;美元走貶時,金價就會上漲。

美元和金價之所以呈現負相關,是因為黃金既是貴金屬,同時也被視為一種貨幣。美元是國際關鍵貨幣,所以很多人都持有美元。

○ 金價走勢與美元為負相關

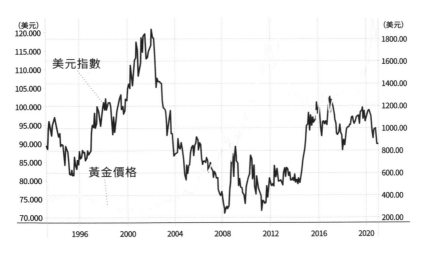

資料來源：TradingView　http://jp.tradingview.com/

　　美元是美國的貨幣。持有美元，自然就要承擔美元在美國經濟不穩定時貶值的風險。

　　此外，當「美國央行即將降息」的看法在金融市場上蔓延之際，有時美元也會應聲走貶。而對抗這個風險的方法，就是黃金。

　　黃金是一種通行全球的資產，不會因為特定國家的經濟狀況而漲跌。說得更明白一點，就是一種不分國籍的貨幣。

　　因此，持有大量「美元」或「以美元計價的資產」者，往往會買黃金來當作抗美元貶值的避險工具；美國經濟動

盪時，投資人就會賣美元、買黃金。這樣的操作機制，使得美元和黃金通常會呈現相反的走勢。

2001 年發生的 911 恐怖攻擊事件時的市場走勢，就屬於其中一例。

當多起恐怖攻擊導致美國經濟動盪，市場對美元的信任度降低，使得投資人大舉拋售美元和以美元計價的資產。

另一方面，黃金則因為市場「出事就買黃金」的心態，投資人積極買進的結果，讓原本在 300 美元上下徘徊的金價，步入了上升趨勢。

────○ 從貨幣供給可看出端倪

以「美元與金價走勢呈現負相關」的觀點來看，不難發現：評估未來金價走勢時，關鍵在於觀察美元的匯率波動。

當美元走貶、金價上漲時，通常會在發生前述那樣的恐攻或天災等事故的時候。不過，我們無法預測什麼時候會「出事」。

所以我想請各位特別留意「貨幣供給量」（日本央行的資料上稱為貨幣存量）。貨幣供給量（money supply），意指特定貨幣在市面上流通的數量。各國央行都會利用調節貨幣供應量，來調控景氣。

我在「理由 3」提過，當某項商品的供給量增加時，在

市場上流通的價格就會下跌。

美元也一樣。當美元的貨幣供給量變多，便容易貶值；而走勢呈負相關的金價，往往會隨之上漲。

當年美國爆發金融海嘯後，美國聯邦儲備銀行（FRB，相當於美國的中央銀行，簡稱：美聯儲）實施的量化寬鬆政策，就屬於這種案例。

美聯儲透過向銀行購買長期公債等手法，來增加市場上流通的美元數量。

於是，美元價值便因為供給量增加而走貶，再加上金融海嘯爆發後，民眾對美國經濟感到擔憂，更助長了美元的跌勢。

反觀金價卻在此時大漲，漲勢甚至在美元的量化寬鬆政策期間一路不回頭地急拉、上攻。

在新冠病毒的疫情肆虐下，也發生了同樣的現象。

為了降低疫情對美國經濟所造成的影響，美聯儲實施了無上限的量化寬鬆，貨幣供應量激增的速度，比當年的金融海嘯還快。

2020 年 5 月，美元的貨幣供應量相較去年同期增加了23.1％，創下自 1960 年 1 月開始統計以來最大幅度的增長紀錄。黃金隨即反映了這樣的波動，價格應聲大漲，飛越了前波高點的 1800 美元。

金價會隨貨幣供給量上升

　　金融海嘯和疫情下的量化寬鬆，目的都是為了緩和美國國內的經濟失序與不景氣。

　　量化寬鬆政策會引發通膨，所以在不景氣時，能有效對抗通貨緊縮，穩定物價。一旦市場上流通的資金變多，也有助於刺激企業投資和民間消費。

　　這種作法相當於在受傷部位貼上 OK 繃。用貨幣供給量當作 OK 繃，就像疫情下這一波無上限的量化寬鬆政策，的確可以看到一定程度的效果。

○ **美國的貨幣供給**

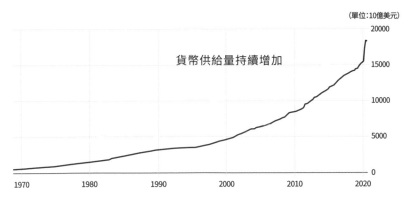

資料來源：Trading Economics　http://tradingeconomics.com/

然而，若你仔細觀察貨幣供給量的長期走勢，一定會發現：儘管美國曾經歷金融海嘯等危機，但貨幣供給量似乎未受影響，幾乎是一路向上攀升。

　　我不敢斷定箇中原因，或許是為了減緩大崩盤所引發的衝擊，又或許是為了防止定期發生的中型崩盤發展成雪崩狂跌，才預先拉高了市場上的貨幣供給量。

　　或者也有可能是政治因素的影響。畢竟市場一旦崩盤，政治人物就會被追究責任，進而向央行施壓，要求增加貨幣供給量，以降低究責風險。

　　如果都這麼做了還崩盤，那原因就是「理由1」。

　　綜觀世界史便不難發現，當政府舉債過多時，很可能引爆市場崩盤，所以即使預先拉高貨幣供給量，也無法降低崩盤風險。

　　如果崩盤時市場所受的衝擊是「創傷」，那麼舉債過多就是一種「心臟病」，就算貼上了OK繃也治不好。若想預防「心臟病」，就必須運動或改善飲食習慣等，讓財務體質更健康、健全。

　　然而，從貨幣供給量在過去幾十年間持續增加的趨勢來看，增長率或許會放緩，但驟減的機率恐怕是微乎其微。

　　以目前的狀況而言，我們可以預期的是：與美元走勢呈現負相關（與貨幣供給量的相關關係）的金價，應該也會隨之走揚。

單就價格上漲這點來看，買入黃金絕對是好選擇，也是我推薦各位投資黃金的理由。

◯ 目前金價仍在低檔

　　下面我想來談談「金價會漲到 5000 美元」的根據。關於這一點，其實只要觀察貨幣供給量和金價上漲的步調，應該不難了解箇中玄機。

◦ 美國貨幣供給量與金價的關係

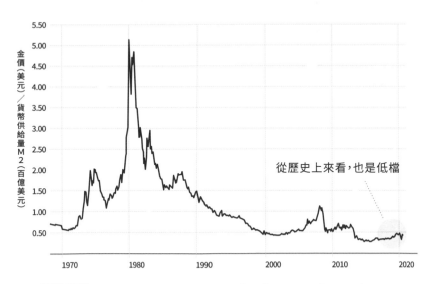

　　資料來源：Trading Economics　http://tradingeconomics.com/

比較貨幣供給量和金價的走勢，不難發現：儘管貨幣供給量大幅增加，但金價的漲幅卻很緩慢。

上頁圖表呈現出「金價 ÷ 貨幣供給量」的關係。近期的數值已經低於 0.5，而且就過去半世紀的歷史來看，也是處於相對低點。

造成這個現象的原因有二。

一是貨幣供給量的異常增加。

另一個原因，是貨幣供給量與金價雖高度相關，但黃金卻一直處在低價，乏人問津。

觀察最近的金價走勢，就能看出金價本身並不低。

近期金價已突破前波高點，也就是 2011 年的價位，因此看來的確呈現急漲走勢，價位也偏高。

然而，重點在於它和貨幣供應量之間的比例。

原本應該與金價連動的比例，可以做出下面的解讀：金價看似已上漲不少，其實還有很大的成長空間。

再者，若分析以往變動的趨勢，除了金價漲翻天的 1980 年代之外，金價和貨幣供給量之間的比例，平均約在 1 ～ 2 之間。但 2020 年的比例，卻在 0.5 上下徘徊。

假如這個比例要站回 1，金價要漲到現在的兩倍。

如果比例要站回到 2，金價要漲到現在的四倍。

換句話說，如果將來金價和貨幣供給量的比例要回到

平均值，那麼就算貨幣供給量的增加放緩，甚至停止，金價仍可望上漲到 4000 ～ 8000 美元的水準。

　　說個題外話，這一節用來說明「金價 5000 美元論」的來源根據，是我從金價還在 1200 ～ 1400 美元之間來回擺盪時就浮現的想法。

　　我曾有機會受邀到大學的投資社團等地演講，當時就提過這個論點；2019 年開設 Youtube 頻道後，我也隨即分享了這個看法。

　　當時，金價距離 2011 年的高點 1800 美元還有很長一段距離，說會漲到 2000 美元可能還有人信，但 5000 美元這個預測，會被認為很離譜。

　　我個人也不認為金價會馬上漲到 5000 美元。

　　不過，未來三十年，快的話可能二十年，甚至以十年的長線來看，5000 美元是絕對有可能的價位。

　　如果是為了存老本而進行三十年的長期投資，我認為在這段期間內，金價一定會衝上 5000 美元，說不定還有機會上看 1 萬美元。

　　短線內價格應該會有一些波動，不會一路向上攀升。但如果各位打算開始做「長線布局」的話，現在正是進場的好時機。

5 投資大師都在買

　　購入黃金有利無弊的第五個理由，是許多身經百戰的知名投資大師，甚至熟悉投資資訊的金融機構，都在持續買進黃金。

　　投資操盤需要具備解讀經濟動向和價格波動的能力，以及蒐集、分析必要資訊素材的能力。

　　知名投資大師和金融機構，在這些方面的實力自然非常雄厚。

　　也就是說，如果他們審慎評估後，研判應該「買進黃金」，就表示黃金充分具備值得買進的理由，後勢看漲。更別說他們也擁有十分可觀的資金實力。

　　我在「理由3」提過，投資商品的價格，取決於需求與供給之間的平衡。一旦資金雄厚的個人或機構法人買進黃金，代表市場對黃金的需求會升溫，或至少需求降溫的機率很低，所以這點也成為我判斷黃金可以放心買進的一大關鍵。

股神巴菲特也在投資黃金

有「投資之神」之稱的華倫·巴菲特（Warren Buffett），就是持續布局黃金的知名投資人之一。

嚴格來說，是由巴菲特擔任執行長的波克夏海瑟威（Berkshire Hathaway）公司，投資了一間位在加拿大，名為巴里克黃金（Barrick Gold）的金礦公司，而非直接投資「黃金」這項商品。

巴菲特有許多為人津津樂道的傳奇故事，而我希望讀者特別留意的，是他挑選投資標的的精準眼光，及其以往的投資績效。

根據知名財經雜誌在 2019 年公布的全球富豪排行榜，巴菲特的身家約有 825 億美元。據說他二十多歲正式開始投資時，財產頂多只有 2 萬美元，然後花了近六十年的時間，將資產翻漲成 400 萬倍。附帶一提，從 1965 年到 2019 年之間，美國股市的績效表現（標普 500 指數）約為正成長 200 倍。拿這個數字一比，便能看出巴菲特這個「投資之神」的封號，實在當之無愧。

巴菲特的投資手法，就是長期投資重視高配息且股價偏低的美國個股。因為他會將配息再度投入股市，並透過長期的複利操作，滾雪球式的累積資產。

由於他向來以這種投資策略為主軸，所以巴菲特過往

對於投資黃金其實頗為消極。

畢竟黃金不會配息，而且金價雖會上漲，但黃金本身不會跟公司股票一樣有所成長。

回顧巴菲特以往的報導，甚至能發現他曾對黃金投資表達過「黃金只是看似閃亮的無用之物」、「生產不出任何東西」等批判性的意見。

由此來看，巴菲特開始投資黃金的舉動，背後的意義相當耐人尋味。想必他一定有感受到投資黃金的價值、意義和必要性。

不過，巴菲特買的是有配息的金礦公司股票，所以不能跟直接買進黃金的投資操作劃上等號。

姑且不論他買進的價格是否划算，單就「投資高殖利率個股」一點來看，這個投資決策並沒有違背巴菲特一貫的投資策略。

然而，他一定是找到了值得投資黃金及相關業界的理由，這點倒是無庸置疑。

我認為以巴菲特洞燭機先的眼光，加上他過往的投資績效來判斷，「巴菲特買金礦股」的事實，足以成為支持我們買進黃金的重要根據。

○ 投資常識即將改變

還有另一位投資大師，同樣看出「黃金」的潛力，而

買進了與金價連動的指數股票型基金（ETF）——他就是領導全球最大避險基金「橋水基金」（Bridgewater Associates）的雷・達里歐（Ray Dalio）。

達里歐在投資圈堪稱名號響叮噹的人物，他在基金操盤上最為人稱道的事蹟之一，就是能在金融海嘯之中毫髮無傷、全身而退。

他曾公開表示，未來的投資圈將會出現前所未有的「典範轉移」，既往的投資常識將開始轉變。

至於會改變的是什麼呢？他表示以往「買股穩賺」的時代即將落幕，會走入「投資黃金是關鍵」的時代。

說得更具體一點，達里歐認為目前許多投資人的思維，都是以投資股市為主軸，但這種手法今後會有獲利縮水的可能性。他傳達了這樣的訊息：為了將投資組合調整為既能避險，又能增加獲利的模式，建議投資人最好投資黃金。

根據達里歐的說法，自從金融海嘯爆發以來，投資的常識就已經開始轉變。

當時全球各國央行為了阻止景氣惡化加劇，紛紛祭出量化寬鬆、降息、加碼購債等措施，為市場注入資金活水。而市場上的資金增加後，營造出一股讓資金容易流向股票等投資商品的環境，也建立了「買股穩賺」的「投資常識」。

實際上，在金融海嘯時曾一度跌破 8000 點大關的道瓊指數，觸底後幾乎是一路反彈上攻，即使在新冠疫情爆發後，仍來到叩關 3 萬點的水準。

不過，達里歐認為，未來就算繼續在市場上注入資金，股價也不會再像過去那樣節節高漲。投資股票的誘因，也不會再像以往那麼強烈。

原因在於股市早已預期央行會增加貨幣供給量、調降利率而持續走高，但股價漲勢太猛，已經超越了許多企業的獲利成長幅度。

當市場開始嗅到這股氣氛時，投資人會把資金從很難期待再向上突破的股票市場，轉移到黃金這種安全資產上，加碼買進。

只要在投資組合中加入黃金，那怕只有少量，也能避免「財富因貨幣供給量增加而縮水」的風險。

達里歐認為，既往的投資常識，將因為這項環境變化而出現「典範轉移」。

───○ 央行的龐大需求

長久以來，股票、債券和不動產的背後，因為有美元的信用在撐腰，一直是投資商品的核心要角。但我在「理由3」有提過，當貨幣供給量越大，美元的價值就會應聲下跌。

那麼，讓市場上有這麼多美元流通的始作俑者──中央銀行，又如何看待黃金的呢？

中央銀行在各國扮演了金融機構的核心角色，負責發行該國或當地的貨幣。

就已開發國家而言，舉凡美國的美聯儲（FRB），日本的日本銀行，英國的英格蘭銀行（Bank of England），德國的德國聯邦銀行（Deutsche Bundesbank），歐元區的歐洲中央銀行（ECB）等，都是各國和各地區的中央銀行。

每個國家或地區的央行為了讓貨幣能安全流通無虞、穩定物價和金融秩序，會負責收存一般銀行或政府所交付的本國貨幣。但同時為了干預匯市，或因應貨幣危機時所需，這些央行也會持有美元和黃金等「準備資產」。

誠如我在「理由4」中的說明，美元和金價呈現「負相關」的關係，因此各國央行除了持有全球關鍵貨幣——美元，作為外匯資產之外，也會儲備一定程度的黃金。

全球央行儲備的黃金總量，據說約佔地上黃金存量（已開採的黃金）的17％。而美國聯邦儲備銀行則為儲備較多的單位，佔全球央行黃金儲備總量的25％。

觀察全球央行黃金儲備總量的趨勢，會發現自1990年代到2009年的近20年間，其實是賣多於買；直到2010年起才轉為買多於賣。

從90年代起陸續賣出黃金的，主要有英國、義大利、法國等歐洲各國。由於黃金既不能孳息，保管又需要找地方、耗成本，加上當時金價表現疲軟，導致央行財務狀況惡化，促使當年的央行決定處分黃金。

至於經濟還在成長的開發中國家的央行，則是從2000年左右起，開始積極地買進黃金。這些開發中國家因為出

口貿易多，持有的美元部位快速上升。為避免以美元為主的外匯準備金曝險，所以央行才會改變政策，加碼持有與美元走勢呈現負相關的黃金。

○ **全球各國政府黃金儲備量（截至2020年11月統計數字）**

第1名	美國	8133公噸	第7名	中國	1948公噸
第2名	德國	3362公噸	第8名	瑞士	1040公噸
第3名	國際貨幣基金	2814公噸	第9名	日本	765公噸
第4名	義大利	2452公噸	第10名	印度	668公噸
第5名	法國	2436公噸	第11名	荷蘭	612公噸
第6名	俄羅斯	2299公噸	第12名	土耳其	561公噸

資料來源：世界黃金協會（World Gold Council）

　　截至 2020 年 11 月為止，美國政府的黃金儲備總量已逾 8000 公噸，遙遙領先其他各國；但俄羅斯和中國也有約 2000 公噸的黃金儲備量，遠超過日本的 765 公噸。另外，土耳其和印度政府的黃金儲備量也直逼日本，而亞洲和中東各國也都在持續拉高黃金的儲備量。

由於這些買進黃金的需求升溫，使得全球央行整體對黃金的買賣占比由賣轉買。再加上歐洲各國為了挽救央行過去大量拋售黃金造成金價下跌，而擬訂一項限制央行拋售黃金的「華盛頓黃金協議」（Washington Agreement on Gold）。

　　這項協議後來獲得美國、德國，以及黃金儲備量僅次於英、德的國際貨幣基金（IMF）同意，各國央行才停止拋售黃金，金價也得以止跌回穩。

　　不僅如此，拋售潮平息後，金價開始反彈，於是各國央行便越來越捨不得出脫手中的黃金了。以往向來被視為「不會孳息」的黃金，這時竟然開始增值。

　　「金價上漲」代表央行只要持有這些黃金，政府的外匯準備資產就會自動增加。這表示黃金的資產價值重獲肯定，所以各國央行也紛紛買進、持有黃金，來當作外匯準備資產。

　　像央行這種極具規模的金融機構大舉買進黃金，對有意買進黃金的個人而言，是進場布局的重要關鍵。

　　當各國央行對黃金的需求量大，且儲備了大量黃金時，金價就能被壓制住，不會一昧下跌。

　　換句話說，只要各國央行的黃金儲備總量佔地上存量17%的事實不變，我們就可以放心買進、持有黃金。

　　再者，我們選擇「買進黃金」的策略，其實是在模仿投資資訊分析能力、風險管理能力都很卓越的中央銀行。所以從這點來看，買黃金可以說是讓人放心進場的一種投資。

6

「放牛吃草」的
零壓力投資

　　本章最後，我想要談談為何「黃金是可以輕鬆買進，並且放心長期持有的商品」。也就是說，購買黃金的第六個理由。

　　我建議各位投資黃金時，要用小額、長期性的慢慢買進，而且最好是以「定期定額」的方式購入。

　　然後至少要持續買進一年以上，如果情況許可，一直買到自己要靠退休金養老為止更好。

　　畢竟越是長期布局，黃金越能發揮「避險」的效益，還可望因貨幣供給量增加，或通貨膨脹等因素而漲價增值。另外，如果選擇用自動定期定額的方式買進黃金，就不會有「忘了買」的問題。

　　投資黃金不必一天到晚查看價格波動。因此只要下定決心「到退休前都不變現」，買完後一直「放著」不管，讓資產自然增加。

分批買進，降低風險

長期定期定額買進黃金，能將買進時機長期分散到不同的時間點，藉著分散投資來降低跌價風險。

說到「分散投資」，或許很多人想到的是「分別投資多種不同商品」，但其實「分散在不同的時間點買進」，也很重要。

即使金融市場因為疫情衝擊而崩跌，連帶導致金價出現短暫跌勢，只要以長期定期定額的方式操作，「等到價格站回高點」的機率就會大增。

況且跌價時的金價便宜，投資人還可逢低加碼買進。

短期性的急跌，或許當下會讓人覺得「大跌啦！」「糟啦！」，但回顧金價長期的走勢，就會發現這些急跌不過是暫時性的小幅振盪。

實際上，當年爆發金融海嘯時，金價也曾一度下跌。但從金融海嘯前持續上漲的走勢看來，那一波跌勢，看起來應該不算是太大的價格波動。

如果從金價的長期走勢圖來看，更引人矚目的恐怕會是 2011 ～ 2015 年的那一波空頭跌勢。

所以就長期投資而言，這種持續好幾年的下跌行情，其實是「逢低買進的時機」。

不過，我們手上持有的黃金，在空頭行情當下，資產價值確實會下跌，連帶造成我們的身家縮水，也是不爭的事實。

　　為了避免這種風險，我認為最好的因應之道，就是別在黃金上孤注一擲，還要另行投資股票、債券等投資商品，做好分散投資。

○ **過去 20 年的金價**

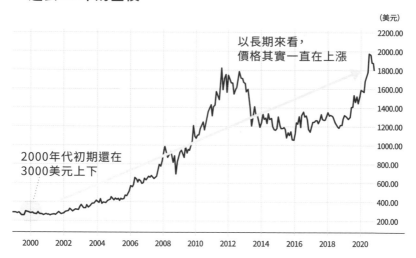

資料來源：TradingView　http://jp.tradingview.com/

　　此外，黃金其實有好幾種不同的金融商品。

　　如前所述，巴菲特買的是金礦公司的持股，達里歐買

的是與金價連動的 ETF，而各國央行買的則是實體黃金。

　　這三種都是黃金的投資商品，但在特色和價格波動等方面，卻各有不同。所以即使同樣是投資黃金，懂得評估如何分散布局，也很重要。

　　（關於分散投資的詳情，第四章另做詳細解說。）

　　我們在本章說明了「黃金適合買進」的各種理由。不過，「黃金」究竟是什麼呢？為什麼黃金這麼貴？為什麼受歡迎？又為什麼值得投資？

　　買進股票時，仔細調查我們要投資的企業，是一項很重要的功課。投資黃金也一樣，對黃金有正確的認識其實相當重要。

　　下一章，就一起來看看黃金的特色與價值吧！

第 2 章

何謂黃金？

1 歷史證明了黃金的價值

「黃金究竟是什麼？」

問題相當明快簡單，但我想有辦法明確回答「黃金就是這種東西」的人，恐怕不多。投資黃金的第一步，要從了解黃金開始。越是深入明白黃金的價值，就能投資得更有信心。

金的原子序為 79 號，是一種元素符號為 Au 的金屬。

我在前一章有稍微提到，目前地球上已開採出來的黃金（地上黃金存量）大約 19 萬公噸，未開採的黃金則有約 5 萬公噸。

2020 年爆發新冠病毒疫情之後，金價一路上漲。到了 2020 年 9 月時，金價已在歷史高點前後徘徊，來到每盎司近 2000 美元的價位。

以用途而言，黃金約有一半製成項鍊等飾品；另外約有四成用於個人或法人投資；其餘的則是供工業產品或醫療等產業使用。

黃金用於寶石飾品的原因，包括它閃亮動人，光輝程度永不褪色等。

全球黃金需求量（2018年）

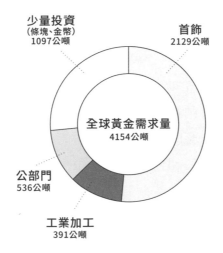

少量投資
（條塊、金幣）
1097公噸

首飾
2129公噸

全球黃金需求量
4154公噸

公部門
536公噸

工業加工
391公噸

資料來源：根據湯森路透黃金礦業服務公司（Thomson Reuters GFMS）的〈GFMS 2019黃金調查〉（GFMS GOLD SURVEY 2019）編製。

　　再者，黃金是一種很柔軟的金屬，可以延展成薄片。物體能壓成薄片的性質叫展性，可延伸的性質則稱為延性。在金屬類當中，黃金的延性和展性，都是名列前段班的一流水準。

　　據說每 1 公克的黃金，壓成薄片後可變成 1 公尺見方的金箔；延伸成細絲則可化為 3 公里長。因為有這些特性，黃金才會廣泛地運用在多種首飾上。

五千多年前至今都是貴重品

如果要簡單為黃金寫一份基本資料的話，大概是這些內容。不過，黃金的迷人之處，可沒這麼容易寫完。

畢竟相傳自西元前 3000 年就存在的蘇美文明時期開始，黃金便廣受人們喜愛。它有著一段與人類興衰榮枯息息相關的歷史——有時是財富與權力的象徵，有時成為引爆戰事或權利鬥爭的關鍵因素，其存在深刻影響著人類歷史的興衰榮枯。

關於蘇美文明時期的黃金，目前尚未出現更詳細的描述。不過，西元前 3000 年左右的埃及文明當中，黃金被視為貴重物品的事實，歷史上已有足夠的證據以茲證明。

相信即使是對黃金發展史不太熟悉的人，也曾在哪裡看過埃及法老圖坦卡門的黃金面具吧！

據說他的面具和棺木等陪藏品，就用了大約 110 公斤（約 3536 盎司）的黃金。

若以現在的金價來計算，每盎司大概是 2000 美元，所以總價將近 700 萬美元，具有新台幣 2 億元以上的價值。

這副黃金面具，是 1922 年由英國考古學家霍華德・卡特（Howard Carter）發掘出土。

附帶一提，在古埃及的面具當中，以圖坦卡門的黃金面具最負盛名，但其實目前已出土的，還有普蘇森尼斯一

世（Psusennes I）和阿門尼莫（Amenemope）的面具。這兩副面具也是以黃金製成，埃及皇室對黃金的熱愛程度，可見一斑。

　　值得注意的是，儘管經過了數千年之久，這些棺木、陪葬品，甚至存放在密室裡的各種裝飾品，即使未經保養依然維持閃閃發亮的狀態。這正是黃金在歷史長河中一直備受喜愛的原因之一。

　　黃金不會與其他物質產生反應，是一種很穩定的金屬，所以不論是曝露在空氣或水分當中，都不會生鏽或受到酸蝕融解。

　　這種強大的韌性，為黃金帶來了永恆的光輝，更是其長久以來被用於裝飾品、首飾、貢品和金幣的原因。

2 三種生產方式

由於黃金不會與其他物質反應，所以在自然界當中，黃金是一種可以獨立存在的天然金屬。

那麼，黃金究竟是怎麼開採出來的？方法有三個。

◯ 從金礦中開採

第一種是找出含金的金礦原石，再從中提煉出黃金。

金礦原石當中除了黃金，還包含了其他多種物質，故冶煉時必須將原石放在煉金爐中熔解，去除鐵和硫黃等物質。

不過，1 公噸的金礦原石只能冶煉出區區幾公克的黃金，而且要找出蘊藏金礦原石的礦山，也是一大難題。

◯ 從砂金中淘取

開採黃金的第二種方法，就是砂金。

砂金是在河水裡流動的砂礫狀黃金。至於什麼地方會流出砂金？答案就是上面提到的「含金礦原石的礦山」。

水流會切削金礦原石，將其中的金與河水裡的砂礫混合，一起從上游流淌而下，然後人們藉由撈砂來篩取出黃金。

相傳當年給圖坦卡門的黃金，也是從尼羅河上游等地採集來的砂金。

再把時間大幅往前快轉，西元 1800 年代的美國西部拓荒時期，有人在加州發現了黃金，促使許多人懷抱著一攫千金的夢想，移民到加州。這些在淘金熱時期出現的拓荒者，眼中的目標也是砂金。

由於黃金是很安定的金屬，所以在水中流動也不會被分解、氧化；加上它屬於密度偏高的金屬，比重約為水的 19 倍、銀的 2 倍、鐵的 2.5 倍。所以淘金就是運用這項特性，將混雜在砂礫中的黃金沉澱之後，再取出砂金。

○ 從電子設備中回收

採收黃金的第三種方法，其實是靠回收。

黃金具有不易生鏽，易傳導電子訊號等特性，所以廣泛用於個人電腦、行動電話、數位相機和遊戲機等產品上。另外，也因為不容易引發過敏反應，而運用於製作金牙等醫療用品上。

◦ **全球黃金供給量（2018年）**

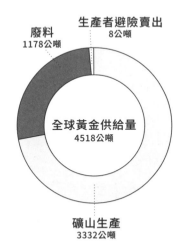

廢料
1178公噸

生產者避險賣出
8公噸

全球黃金供給量
4518公噸

礦山生產
3332公噸

資料來源：根據湯森路透黃金礦業服務公司（Thomson Reuters GFMS）
的〈GFMS 2019黃金調查〉（GFMS GOLD SURVEY 2019）
編製。

　透過廢品回收、從中蒐集黃金，即為利用回收提煉黃
金的做法。

　雖然每一部電子設備僅用到微量的黃金，但只要落實
蒐集那些大量流通市面的電子產品（如個人電腦、行動電
話等），必能提煉出相當可觀的分量。

　因此，這些含有黃金等貴金屬的廢料，又有「城市礦
山」之稱。

3 黃金的日本發展史

其實早在西元十三世紀，歐洲就將日本譽為「黃金之國」。這裡的「黃金」，指的正是金屬的黃金。

威尼斯商人馬可・波羅（Marco Pol）曾把遊歷亞洲各國的見聞等，整理成著作《馬可・波羅遊記》（*Il Milione*），書中提到日本有大量的黃金。

不過，《馬可・波羅遊記》的描述，有一些難辨真偽的地方。例如，書中聲稱當時的日本人（馬可・波羅稱之為「Cipangu 的人」，音譯：吉龐古，諧音近似英文的 Japan），會吃掉他們俘虜來的外國人。但單就黃金的部分而言，即使描述中多少有些來自想像和傳聞而產生的誤會，一般認為可信度頗高。

事實上，當時日本的東北地方等地，確實有出產黃金，甚至能作為和中國人進行貿易時的付款方式；而岩手縣也早已存在整棟建築覆上一層金箔的中尊寺金色堂。

有一派說法認為，馬可・波羅可能是因為聽到金色堂的故事，才有「日本的黃金產量相當可觀，宮殿和民房都以黃金建造」的表述。

○── 日本最大的金礦山

　　日本與黃金在歷史上的關係，我想最有名的莫過於新潟縣佐渡島的佐渡金山了。自從 1601 年被人發現蘊藏金礦後，佐渡金山便啟動了開發之路。

　　此後，這座礦山每年可開採出多達 1500 萬公噸的金礦原石，以及 78 公噸的黃金。直到 1989 年，才因為蘊藏量枯竭而關閉。換句話說，佐渡金山從江戶時代開礦以來，直到改元為平成為止，其間將近 400 年都是日本最大的一座金山。

　　就在佐渡金山關閉前的 1985 年，鹿兒島縣的菱刈礦山才啟動開採作業。

　　菱刈礦山的金礦原石，每公噸含金量比一般原石高出許多，可產出約 40 公克的黃金，相當於平均的 10 倍左右。所以開礦 10 年後，菱刈礦山產出的黃金總量，便超過佐渡金山 400 年間的產量。

　　不僅如此，菱刈礦山在開礦之初，一般認為黃金的蘊藏量僅有 120 公噸，但截至 2020 年 3 月為止，這裡已產出了 248 公噸的黃金。

　　佐渡金山和菱刈礦山能開採到黃金，其實都和火山活動有關。

　　地下水被火山岩漿加熱之後，將周邊岩石中含有的金、

銀等物質熔出，再經沉澱之後，形成了金或銀的礦脈。這種環境，無法以人為方式打造。

　　日本是缺乏天然資源的國家，但從「多火山」這個地理條件來看，的確比較容易出產黃金。所以黃金等貴金屬，堪稱日本最具代表性的天然資源。

─────◯　黃金在貨幣上的運用

　　如今的黃金多用於首飾、投資和工業加工等方面，但遠古以來，市場上就有以黃金作為貨幣的歷史。

　　以日本來說，古裝時代劇裡常出現的小判金幣，就是其中一例。

　　再來看看世界各國的歷史。相傳世界上最古老的硬幣，是利底亞（Lydia）王國所打造的銀金礦（electrum）硬幣。這種硬幣，是用從砂金中提煉出來的黃金和銀混合製成。

　　至於黃金真正成為實用性高的金幣，大概是西元前 600 年左右，亦即古希臘時代之後的事。

　　到了西元前 200 年前後，中國（西漢時代）則打造了一種名為「馬蹄金」的金幣。但這是當時皇帝用來給予臣下的獎賞，而非作為買賣交易使用的貨幣。中國迄今還能見到這樣的文化。每逢農曆春節，總會有許多民眾搶買紀念金幣。

至於日本，則是在飛鳥時代（西元 593-710），模仿了當時中國使用的開元通寶，鑄造了一種名叫「富本錢」的硬幣。到了奈良時代（西元 710-794），也曾打造過一種名叫「和同開珎」的硬幣。

不過，這兩種硬幣的主要材質都是銅而非黃金。

日本人直到鐮倉時代（西元 1185-1333）開始，才把黃金視為一種支付工具，以「付黃金」來代替「付錢」。然而，當時使用的黃金，並不是像金幣那樣的貨幣，而是把砂金裝在袋子裡隨身攜帶，遇有交易付款時，再拿出來秤重使用。

其實當時日本與中國之間的貿易往來相當興盛。從鐮倉時代到室町時代（西元 1336-1573），日本主要的出口商品為金和銀。換句話說，日本國內開採到的黃金數量，已經多到可以出口海外。

據說這些主要是從砂金當中開採而來的黃金。

室町時代末期到織田信長企圖一統天下，而大展拳腳的戰國時代，全國各地的大名諸侯個個搶著開發礦山，開採出了不少黃金來充作軍費之用。

後來，豐臣秀吉一統天下，並於 1588 年鑄造了「天正長大判」、「天正菱大判」這兩款大型金幣。除了像古代中國那樣用於賞賜之外，大名諸侯之間的買賣交易，也會使用這些金幣。

　　不過，日本全國通用的貨幣制度，則是由德川家康一手打造。這個時期問世的，是一種名叫「慶長小判」的金幣。

　　雖然探討豐臣秀吉和德川家康這兩個人物時，多半會從一統天下、雄才大略的武將為脈絡來切入，但治理國政其實必須從建立經濟制度方面著手。

　　在日本開始發展經濟，並逐漸整合成一個國家的過程當中，其實還伴隨著貨幣制度的成熟。而貨幣制度得以發展成熟，是因為背後有「黃金」這個重要的因素，在支撐貨幣的價值上，扮演了舉足輕重的角色。

4

改變全球經濟的 「金本位制」

再把焦點轉往國際。英國從 1816 年開始,啟動了金本位制(Gold standard)。所謂的金本位制,就是以黃金的價值,來作為發行貨幣的標準。

英國的英格蘭銀行於 1844 年,明定每 1 盎司的黃金等於約 3.171 英磅,並發行可兌換成黃金的英磅紙鈔,這種紙幣稱作「可兌換紙幣」。換句話說,持有這種英磅紙鈔的人,只要拿到銀行,隨時都可以換成黃金。

由於國家擔保兌換,所以政府必須持有黃金作為「確保紙鈔可兌換到黃金」的財源。英國藉此撐起了英磅的價值,也讓「用英磅交易付款」的制度得以穩定下來。

◯ 金本位制讓「貨幣流通」更活絡

黃金向來被認定為「像錢一樣的東西」,也在市面上流通。但直到這個時期,黃金才開始算是有系統、有制度地與貨幣掛勾。當政府保障黃金是一種能支撐貨幣的有價值資產時,黃金的價值也因而變得更明確。

英國政府會想到用黃金來保證英磅的價值，其實是源自於不信任那些他們透過貿易所賺到的外匯。

當年英磅是全球的關鍵貨幣。對英國政府來說，不論是哪一個國家的貨幣，只要發行國願意保證它能兌換成黃金，就能放心進行貿易往來。而有意與英國往來的對象，自是希望跟這個因工業革命而不斷成長的國家進行貿易。

所以只要導入金本位制，本國貨幣就能獲得信任，並且與英國貿易了。由於這種考量符合雙方的利益，因此歐洲先進國家和美國，也都跟進導入金本位制。

日本也不例外。明治時期的日本政府，也導入了「1日圓等於 0.75 公克黃金」的金本位制。此外，江戶時代流傳下來的兩、分、朱（1 兩等於 4 分，1 分等於 4 朱。）等貨幣單位，也在這時全面改為「圓（円）」。

日本貨幣的形狀，也開始追隨西方的潮流——這個時期鑄造的 20 圓、10 圓、5 圓、2 圓、1 圓金幣，已從傳統的橢圓形小判金幣，改成了圓形。

簡而言之，「金本位制」這一套源自英國，後來發展到全球各國的制度，堪稱一舉將黃金變成了全球的共同價值。

全球各國使用的貨幣不盡相同，例如英磅、日圓等，但各種主要硬貨幣的背後，其實都與黃金的價值掛勾。

「萬一發生什麼事，兌換成黃金就好了。」

正是這份安心感，撐起了世界各國貨幣的流通與發展。

5 從固定價格 到浮動價格

　　英國的金本位制，因為受到第一次世界大戰後的償債問題，以及 1929 年在美國引爆的全球經濟大蕭條影響之下，於 1931 年宣告結束。

　　然而，在第二次世界大戰即將步入尾聲的 1944 年，又有一套以黃金作為價值保證基礎的制度問世。

　　當時，在新興世界經濟大國——美國的主導下，擬定了一套美元可兌換黃金的機制。

　　英國的金本位制，是各國分別讓本國貨幣與黃金掛勾，而美國則是讓美元與黃金掛勾。

　　換言之，能兌換成黃金的只有美元。至於其他國家的貨幣，則與美元有固定的兌換匯率，等於是間接與黃金掛勾。

　　因此，這一套機制被稱為「美元－黃金本位制」（Gold-Dollar standard），甚至使美元實質上成為全球的關鍵貨幣。

　　當時的兌換率，是每盎司 35 美元，而各國貨幣與美元也有固定的兌換率（匯率）。以日圓為例，1 美元固定可兌換 360 日圓。

　　這一套機制，是由世界各國代表聚集在美國新罕布夏

州（New Hampshire）布列頓森林討論的結果，所以又稱作
「布列頓森林體系」（Bretton Woods system）。

黃金兌換美元的機制，
因尼克森震撼而廢止。

　　看過當年的金價，或許有些人會感到相當不對勁。以
現今的標準來看，當年的金價，簡直是難以想像的破盤價。

　　2020 年 12 月的黃金報價約為每盎司 1800 美元前後，
而當年竟只有 35 美元。若改以日幣計價，2020 年 12 月的
金價是每盎司約 20 萬日圓。當年即使是以 1 美元兌 360 日
圓來計算，每盎司金價也僅 12600 日圓；以現今的匯率（1
美元約可兌 105 日圓）來計算，甚至只要 3675 日圓。

　　回顧當年，這樣的兌換率恐怕太低了一點。以美國的
角度來說，等同於只要手邊有大量美元，就能以低價橫掃
市場上的黃金。

　　然而，實際上正好相反——美國受到財政赤字和貿易
逆差的影響，美元大量流出海外，陷入不足以儲備黃金兌
換的窘境。

　　結果這一套美元兌換黃金的機制於 1971 年告終，和當
年英國的金本位制走上了相同的命運。廢止這項決策的，
是當時的美國總統尼克森（Richard Nixon）。由於停止兌換

的消息宣佈得太突然，而被冠上「尼克森震撼」（The Nixon Shock）之名。此舉使得美元無法再兌換黃金，失去黃金支撐的美元，價值因而重貶。

布列頓森林體系結束後，匯兌才改為浮動匯率制。以美元對日圓的匯率為例，「尼克森震撼」之前是1美元兌360日圓，到了10年後的1981年，則為200日圓；20年後的1991年，則來到150日圓；30年後的2001年，更是來到了100日圓前後，目前也維持在這個行情水準。

此外，布列頓森林體系結束後，每盎司黃金35美元的標準價格也不復見。黃金報價改採浮動制，促使它與美元的貶值背道而馳，開出了急漲的亮麗走勢。

這是因為市場對全球關鍵貨幣「美元」失去信心，轉而買進裡史上最受信賴的資產「黃金」導致的結果。

以時機來看，尼克森震撼之後，第四次中東戰爭旋即揭開序幕，幾年後又有蘇聯入侵阿富汗。尋求安全資產的投資人，自然會選擇買進黃金。

於是以美元計價的黃金價格漲到每盎司700美元前後，形同尼克森震撼前的20倍。

我在前一章提過，美元下跌時，黃金就會湧入買單；美元上漲時，黃金會被拋售——這個負相關，是經過上述歷史事件洗禮才形成的。

○ 身價看漲的投資商品

　　隨著金本位制的結束，黃金用來保障貨幣價值的功能也告一段落。結果，黃金又因其本身的價值，成為重獲市場評價的資產。

　　另一方面，由於黃金改為浮動價格制，再加上走勢明顯與美金呈現負相關，而逐漸被市場視為一種投資商品，「投資黃金」的觀念也逐漸普及。

　　因為，持有黃金，可望賺得漲價後的價差（資本利得）。當匯率變動能讓美元或美元資產出現匯損時，持有黃金是足以對抗匯損的避險措施（一種預防風險的對策）。市場上有部分投資資金，出於這種避險用途，轉而流入黃金和其他貴金屬上。

　　我還在華爾街工作時，大型投資機構都有負責黃金等大宗物資業務的部門，以及專司黃金買賣的交易員。

　　投資機構主要以操作股票等權益商品為主，營收也以此類交易為大宗；相較下，黃金投資的規模小，更非主流。

　　不過，在金本位制結束後，金價突飛猛進。尤其是金融海嘯期間，金價甚至一度超越1980年代的歷史高點，從600多一路竄升到近千美元的價位。

　　因為這一波亮眼的漲勢，投資人開始體認到：黃金不僅可望賺得漲價波段的價差，還能作為手邊其他金融商品的

「保險」。於是黃金趁勢竄起，躍升為備受矚目的投資商品。

　　說個題外話。其實我對黃金的興趣，正是從這個時期開始，而且也留意到黃金跟股市、外匯不同的價格走勢。
　　我當時的工作是以股票、外匯交易為主，與黃金交易沒有直接的關係。直到後來潛心鑽研黃金，才發現前面談到的迷人之處，以及投資黃金的價值所在。

6 冷門不受關注的 「隱形優質資產」

何謂黃金？

　　越了解黃金越能明白，它是一種別具特色的優質投資商品。然而，在新冠病毒疫情下，雖然投資黃金有引起一些話題，但市場對黃金的關注程度仍舊偏低。很多投資人心中的投資，還是股票或不動產。

　　原因之一，跟負責銷售投資商品的金融機構不太積極推銷黃金有關。股市中的好幾千檔個股，不論行情好壞，總會存在一些上漲的個股，所以人人都能藉由換股操作來累積資產。

　　「換股操作是有效的投資策略」的說法，其實背後藏著金融機構透過「建議投資人換股，並從中賺取手續費」的生財之道。

　　反觀黃金，它不像股票有那麼多選擇，價格波動（價格漲跌變化的幅度）也小，所以基本投資策略就是長期的定期定額買入。

　　這種投資商品，金融機構很難為客戶做投資建議，客戶也不會頻繁地買賣，所以是很難讓券商賺取交易手續費的商品。

再者，比較股市和黃金的長期走勢，就會發現股票的漲幅較大，足以讓許多投資人賺飽荷包，因而蓋過黃金投資的魅力，難以贏得投資人的青睞。

　　從長期走勢圖來看，美國股市自 1970 年代起，雖然短線略有漲跌，但整體上卻是持續向上攀升。光是 90 年代的 10 年之間，道瓊指數就漲了 4 倍之多。就算在金融風暴時受到重創，但道瓊指數在往後的 10 年，又翻漲了 3 倍以上。

　　華爾街把這種長期的上漲趨勢稱為「超級泡沫週期」（super bubble cycle）。換句話說，以長期而言，股市是處於泡沫狀態。

　　投資的基本心法，就是買進會上漲的商品，順勢搭上波段獲利（buy the strong），所以投資美股是非常合理的選項。

　　但以走勢來看，黃金其實也不遑多讓。第一章曾提到，從長期來看，金價也是呈現持續上揚的走勢。

　　假使美股呈現長期泡沫的趨勢，那麼就歷史上來看，目前很可能處於偏高價位，而金價相比下處於相對低點。以長期持續買進的商品而言，黃金是個很有吸引力的選項，更何況它還是股價下跌時的「保險」。

　　假如目前黃金算是較冷門的投資選項，日後勢必會隨著受矚目的程度逐漸升溫，讓價位再度向上攀升。

　　從這個角度來看，現在或許正是我們擺脫「投資等於買股」的觀念，改將焦點轉往自古以來價值備受肯定的黃金，並且積極投資的時候了。

7 銀、鉑、鈀的特色

前面我們以黃金主軸，回顧了它的歷史。不過，從「投資商品」的觀點來看，黃金其實是屬於貴金屬的一種，除此之外，還有其他可供投資的貴金屬。

通常市場上會稱為「貴金屬元素」的貴金屬共有八種：金（Au）、銀（Ag）、鉑（Pt）、鈀（Pd）、銠（Rh）、銥（Ir）、釕（Ru）和鋨（Os）。

這八種貴金屬當中，會在市場上交易且成交量較具規模的，則有金、銀、鉑和鈀。

所以接下來，我想簡單說明一下其他三種貴金屬的基本資料。

銀

銀的原子序是 47，元素符號為 Ag。

在新冠疫情爆發前，銀的報價約為每盎司 18 美元；疫情爆發後，價格曾一度下跌，之後走勢和黃金一樣回彈。截至 2020 年 12 月時，報價約在 22 ～ 27 美元之間徘徊。

銀和金的價格比約為 1/70 ～ 1/80。用途方面則以工業產品佔大宗。

銀的投資需求並不高，而作為寶石飾品，與黃金的差異在於銀製品有會變色的缺陷，但因為價格實惠，仍有一定程度的需求。

────○ **鉑**

鉑的原子序是 78，元素符號為 Pt。由於鉑和後面要介紹的鈀，以及前面帶到的銠、銥、釕、鋨的性質相近，故這六種金屬統稱為鉑族元素。

截至 2020 年 12 月，鉑的報價約在每盎司 960 ～ 1080 美元之間游走，和黃金的價格比約為 0.5 倍。

鉑和銀一樣，多半用於工業產品，且絕大部分都用在汽車製造上。它的投資需求低，但在首飾方面也有需求。

────○ **鈀**

「鈀」或許是一般人不熟悉的貴金屬。

鈀的原子序為 46，元素符號則是 Pd。

截至 2020 年 12 月，鈀的報價約在每盎司 2230 ～ 2450 美元之間推移，至於和黃金的價格比約為 1.2 到 1.3 倍左右。

鈀幾乎都用在工業上。此外，製作飾品時也會少量混入金、鉑當中，藉此強化飾品的韌度。

　　附帶一提，金和銀的供給來源——礦山遍佈世界各地，但鉑和鈀的產地則集中在南非和俄羅斯。

　　另一方面，由於這四種貴金屬很常運用在汽車製造上，因此有時會透過回收報廢車輛來取得，這種供給來源被人稱為「汽車礦山」。

8 黃金與其他貴金屬的差異

　　本章最後，要帶各位來認識黃金和其他貴金屬——包括銀、鉑和鈀的差異。

　　外觀上來看，首先在顏色上就大不相同。黃金是金色的，銀、鉑和鈀則是銀色。

　　一般比較容易搞錯的是鉑。鉑又有白金之稱。將「白金」二字直譯成英文，似乎可譯為「White Gold」。但其實白金（Platinum）和白 K 金（White Gold）是兩種截然不同的物質。

　　如同前述，「白金」是元素符號「Pt」的金屬，白 K 金的元素符號則是「Au」。雖然白 K 金也算一種黃金，卻因為是將銀、鈀或銅等白色金屬，加入黃金後混合而成的合金，所以外觀會呈現白色。

　　至於白 K 金的成分參考值，金約占 75％，鈀和其他金屬占 25％。

　　另外，其他和白 K 金性質相似的，還有黃 K 金（Yellow Gold）和玫瑰金（Rose Gold），而且也都是黃金的合金，並

混入銀或銅。

　　金是一種很柔軟的金屬，所以拿來製成戒指等首飾時，通常會加入其他金屬來加強堅硬程度。這種情況下添加的金屬成分，稱為「補口」。

　　純金即所謂的 24K 金（K24，「K」是純度單位「Karat」的字首），補口的量越多，K 值就越小。例如，K18 代表黃金占 18（75％），補口占 6（25％）。當補口中的銀與銅等量時，就會製造出黃 K 金；拉高銅的占比時，就會形成玫瑰金。

　　或許有人會問：「難道銅不是貴金屬嗎？」

　　畢竟在奧運賽事中，緊接在金牌、銀牌之後的就是銅牌，因此才有不少人認為銅也是一種貴重的金屬吧？

　　先講結論：所謂的「貴金屬」，通常是指包括黃金在內的那八種金屬，但不包括銅。

　　那麼什麼是貴金屬？它指的是在科學上不易離子化、不易鏽蝕的金屬。

　　換句話說，是包含黃金在內的八種金屬。但凡比這八種金屬更容易離子化的金屬，都會被歸類為卑金屬（base metal），如：銅、鎳、鋁、鉛、鋅、錫和鎢等。

　　因為銅沒有鐵那麼容易離子化，所以或許比較接近貴

金屬類。不過,貴金屬和卑金屬在貿易時課徵的關稅不同,而有很明確的劃分。

根據上述標準,金屬分成包括黃金在內的「貴金屬」,其他則歸類為「卑金屬」,而銅則屬於後者。

銀、鉑、鈀的價格
容易受到景氣牽動

黃金和銀、鉑、鈀之間,還有一個相當重要的差異,那就是黃金價格不易受景氣影響,其他三者則很容易受到景氣牽動。

黃金約有半數用於首飾,四成用於投資,另有約一成是用在與經濟活動相關的工業產品上。而超過半數的銀,以及絕大多數的鉑和鈀,則用於工業產品上。以至於會買進這三種貴金屬的,多為製造業的企業等機關。

因此,當景氣惡化,市場預期製造業發展將停滯不前時,銀、鉑和鈀的需求就會減少。結果讓這三種貴金屬的價格,比黃金更容易受景氣牽動,有時甚至和股市等金融市場同步走跌。

○ 新冠疫情爆發後的銀價

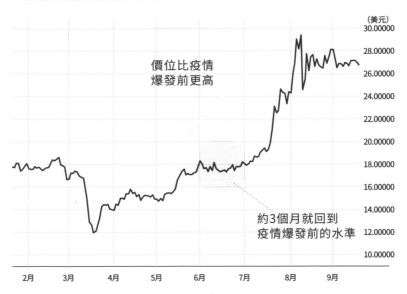

價位比疫情
爆發前更高

約3個月就回到
疫情爆發前的水準

(美元)

資料來源：TradingView　http://jp.tradingview.com/

　　以新冠病毒的疫情爆發前後為例來比較，應該會很容
易理解。

　　如第一章所述，金價在疫情大爆發、股市熔斷後一度
走跌，卻在大約一個月後（四月上旬），回到了疫情爆發前
的價位水準，不久後還改寫了歷史新高。

　　另一方面，銀價當時的跌幅比黃金更深，花了將近三
個月才站回疫情前的水準，但後來創下歷史新高。

○ 新冠疫情爆發後的鉑價

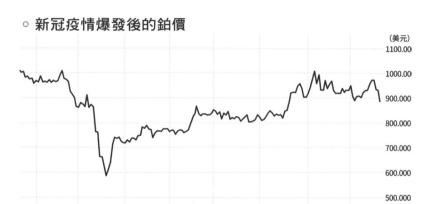

資料來源：TradingView　http://jp.tradingview.com/

○ 新冠疫情爆發後的鈀價

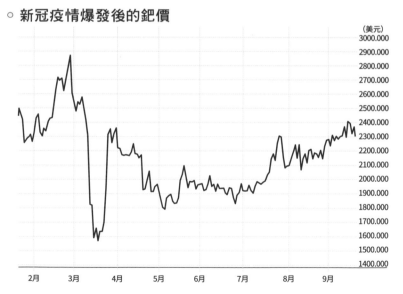

資料來源：TradingView　http://jp.tradingview.com/

工業用途上比銀更廣泛的鉑和鈀，在疫情爆發後跟銀價一樣，瞬間崩跌三到四成之多，不止花了一段時間才站回原價，甚至其後也沒有改寫疫前的最高價。價格就走勢而言，其實比較接近道瓊指數。

從這些現象可以得知：工業用途越廣泛的貴金屬，其價格走勢會越接近股價波動。

換言之，我們比較難期待這樣的貴金屬發揮和黃金同樣的防禦功能，在股價下跌時保障你我的資產不縮水。

不過，由於銀、鉑和鈀都有其稀缺性，價格因為供給量激增而崩盤的風險很低，這一點倒是可以放心。

因此，儘管表現不比黃金好，但就長期穩定買進的投資商品而言，這三種貴金屬還是有它的迷人之處。

那麼，如果想投資包括銀、鉑和鈀在內的貴金屬，有什麼商品可供選擇呢？

從下一章開始，就讓我們更進一步地來探討各種投資商品的詳情。

第 3 章

投資黃金的
七大類商品

想投資黃金，或包括黃金在內的貴金屬，有幾種產品可供選擇。本章想和各位介紹下面七種投資商品的特色：

（1）實體黃金：★★★（P.95）

（2）黃金 ETF：★★★★★（P.102）

（3）黃金期貨：★（P.106）

（4）金礦類股：★★（P.109）

（5）金礦類股的 ETF：★★★（P.113）

（6）銀、鉑、鈀的 ETF：★★★（P.116）

（7）比特幣：★★★（P.119）

「★」表示推薦程度，5 星為滿分。評斷標準完全是我個人以「黃金投資新手容易入門與否」所做的主觀判斷。

不過，投資商品還是有個人喜好的問題，建議各位不妨針對自己有興趣的商品，再多做一些研究。

至於投資黃金的操作手法，會在第四章詳細解說。總之，關鍵在於要懂得將資產分散配置到多種不同商品上，而非只投資單一商品。

在此想特別呼籲：投資終究有賺有賠，請各位務必自行判斷、負起全責。

關於台灣的投資商品，可參考「台灣黃金投資，第一次操作就上手！」：〈基礎篇〉台灣有哪些黃金投資工具？（P.14）

投資實體黃金

　　首先要來談直接購買實體黃金的投資手法。投資實體商品，是最簡單、易懂的黃金投資法。投資人要做的，就只有買進、持有黃金而已。

　　綜觀全球，由於印度、東南亞和中國自古以來就將黃金視為資產，高度肯定黃金的價值，因此持有實體黃金的人數眾多。

　　另一方面，新興國家因為不時發生惡性通膨（Hyper Inflation），貨幣價值一夕崩跌的可能性很高，所以民眾往往會選擇持有資產價值不易縮水的黃金，作為對抗通膨風險的因應之道。

　　至於已開發國家的投資人，多是為了預防市場崩盤導致金融資產縮水，以及對抗通膨風險。

　　很多高資產族群和各國央行，會出於上述避險目的而買進、持有黃金。這些都算是實體黃金的投資。

　　既然要投資黃金，建議實際感受一下黃金是什麼樣的物品會比較好。微量持有也沒關係，重點在於觸摸到真正的黃金這件事。

儘管我們生活周遭有許多金光閃閃的東西，但親手拿到貨真價實的黃金，勢必會讓你感受到一股截然不同的光彩與質感。

　　單以價格來說，要買到電影裡常見的那種黃金條塊，難度實在很高。不過，幾公克的純金（將黃金熔解後，凝固而成的產品）或金幣等黃金產品，一般人應該能以負擔得起的價格買到。

○ 日本的購買成本令人卻步

　　在日本投資實體黃金，買入成本是要特別留意的地方。首先，不論買家是向專營貴金屬銷售的黃金經銷商購買，或者找銀樓、百貨公司選購金幣，都要負擔一筆消費稅。

　　如果是定期定額購買，除了向黃金經銷商購買，也可找證券公司或貿易商等購買，但同樣要負擔消費稅。黃金的消費稅率和其他商品一樣，都是10%（編按：日本自2019年10月起，將消費稅調整為10%。不過，黃金在台灣屬於非課稅商品），所以買1萬日圓的黃金，要支付的總金額就是11000日圓。

　　其次是付給銷售通路的手續費。各經銷通路收取的手續費高低不盡相同，建議不妨以買入金額的2%～3%來當作參考值。有些店家有優惠措施，只要客戶買的量越大，

手續費就越低廉。

若是每月定額或定量購買，長期投資黃金者，因為有購買手續，買入後還要請經銷商代為保管，所以有些經銷商會針對存金帳戶收取年費。

基本上，沒有實體門市的網路券商，手續費和年費等成本會比較優惠。這些成本都是實質損失，成本越高，獲利會變少，損失也就越多，因此究竟該在哪個通路購買黃金，各位應審慎評估。

至於買進時的價格，投資人還要懂得確認買賣價差（spread）。所謂的買賣價差，就是投資人買入黃金的價格（買進價），和經銷店家收購價格（賣出價）之間的價差。

這個價差的多寡，會因購買的通路不同而有差異；買金和買銀、鉑的買賣價差也不同。買賣價差也是一種實質損失，建議盡可能選擇落差較小的通路購買。而買賣價差也會隨當下行情而變動。例如，當交易量下滑，或價格走勢受經濟新聞的影響而震盪時，往往就會造成買賣價差擴大。

另外，實際持有黃金之後，還要考慮黃金的保管成本。以定期定額購買的長期投資為例，若要寄存在購買的通路，投資人有時需自行負擔管理費。

如果直接把實體黃金搬回家，自然不會有這筆管理費。但考慮到遺失、遭竊等風險，最好加強保管上的安全。比

如：買家用保險箱，或寄存在銀行的保險箱裡，但兩者都會衍生購買或租用的成本。

投資黃金的成本高低，也會因為購買的是金幣或黃金條塊而有所不同。

金幣的優點是購買門檻較低，但金幣會因為設計費和加工費，導致單位金價偏高。這些額外的費用，稱為溢價（premium）。

每種金幣的溢價率各有不同，各位不妨以金幣用到的純金量來算出金價，外加一到兩成作為參考值。

此外，金幣的買賣價差，往往會比黃金條塊更大。所以，如果只是純粹想投資黃金的話，選擇價位最接近黃金實質價格的「黃金條塊」，比較划算。

不過，買賣黃金條塊有時也要負擔一筆名為「重鑄費」（bar charge）的加工費。這是通路將收購到的黃金重新鑄造成黃金條塊時，所需的處理費。

一般而言，黃金的數量越少，要負擔的重鑄費就越多。簡單來說，買 100 公克的黃金，和買 300 公克的黃金相比，前者的重鑄費用比較多。然而，若購買超過 500 公克以上，基本上是免收重鑄費。換句話說，如果以成本為最優先考量，預算也較寬裕的話，最好購買不需加收重鑄費的量，才不用負擔額外成本單價算起來也比較便宜。

最後，來了解一下在日本賣出黃金、獲利出場時的注意事項。

　　當我們要賣出個人投資所持有的黃金並從中獲利時，在稅法上會視為交易所得，需課徵所得稅。

　　交易所得會以「售價－（取得成本＋移轉費用）」來計算。而買賣黃金的交易所得，會與納稅義務人的其他交易所得合併計算，並在扣除 50 萬日圓的特別扣除額後，就超出的部分來課稅。

　　不過，目前日本政府依投資人持有時間的長短，提供了一些稅務減免的優惠措施。若出售後有獲利的黃金，持有期間在 5 年以內者，即以前述算式計算課稅所得額。若持有期間在 5 年以上，且出售後有獲利者，則課稅所得額為前述算式所計算出的金額之一半。

　　由此看來，黃金在稅務上，可以說是一種「持有越久越划算」的投資商品。

　　若各位無意賣出，而是要將黃金轉贈他人（贈與）時，當作遺產來讓家人繼承，就要負擔遺產稅；於生前轉贈，則須負擔贈與稅。

　　申報繼承時，其價值應以持有人死亡時之零售金價計算；申報贈與時，其價值則以贈與當日之零售金價計算。

（編按：以台灣目前的法令來看，出售實體黃金所得是列入營利所得中，所以若出售實體黃金的年度總金額超過 5 萬元，就必須以一時個人貿易所得率 6% 來計算，併入個人綜所稅申報。比如，2021 年你因出售黃金而有 10 萬元的收入，則個人一時貿易所得即為 6000 元。）

○ 慎防假貨

投資實體黃金還有一點需要特別留意，那就是買到假貨的風險。

黃金的價值舉世公認。在黃金發展史背後，人類為了追求一攫千金，曾屢次挑戰煉金術。由此可知，世上有很多人都想靠黃金發財，所以當然會有人企圖用假貨來大賺一筆。

一般人要看穿黃金的真偽，堪稱不可能的任務。坊間甚至有專業鑑定師都會上當的精妙假貨。市面上有什麼樣的假黃金呢？

最具代表性的假黃金有兩種。

第一種是在黃金的純度上造假。例如在黃金條塊上，刻下代表 18K 金的 K18，甚至是代表純金的 FINE GOLD，但實際上只有 14K 金（K14）。

第二種，則是藉著在其他金屬表面貼金的鍍金產品，來混充黃金條塊。像是有人拿密度與黃金相近的鎢（原子序 74，元素符號 W）去鍍金，再刻上 K14 或 K18 等的手法。

　　依照規定，鍍金的產品必須刻上代表鍍金的「GP」（Gold Plated），例如在 18K 金的鍍金產品上，就必須刻上 K18GP。而假黃金就是刻意不標示 GP，拿鎢等金屬的鍍金產品混充為純 18K 金。

　　如果是在日本國內的黃金經銷商、銀樓和百貨公司等通路選購黃金商品，雖不敢說百分之百，但買到上述這些假貨的風險相當低。

　　但要特別留意的，是透過網路向國外商家或個人購買黃金。為降低誤踩假貨地雷的風險，建議各位購買黃金時，務必慎選購買通路。

　　另可參考「台灣黃金投資，第一次操作就上手！」：〈實戰篇 1〉黃金存摺投資懶人包（P.22）

2 黃金ETF

　　如果你對於持有實體黃金沒有太多堅持的話，不妨考慮投資「與金價連動的 ETF」。ETF 是指數股票型基金（Exchange Traded Funds）的縮寫，是像股票一樣於證券交易所上市交易，供人買賣的基金。

　　既然是一種基金，就會由多位投資人共同出資，並將這些資金投入到黃金等特定標的上。而「黃金 ETF」的操作機制，就是把投資人提供的資金，投資在黃金和黃金期貨等標的上。關於黃金期貨，稍後會再另做介紹。

○ 少少的錢，就能投資黃金

　　買賣 ETF 就和買賣上市公司的股票一樣，都要先到證券公司去開戶。有了帳戶之後，只要在股票市場的交易時間內，隨時都可以進場買 ETF。

　　黃金 ETF 既可定期定額買進，想變現時也能隨時在市場上賣出，而且與投資實體黃金相較下，能用更低的成本入手。

買賣ETF所需的費用，包括買賣手續費和信託管理費。

買賣手續費是要付給負責執行買賣的券商，每家業者的收費標準各不相同。以日本的網路券商為例，手續費大概是買進價金的 0.5％。

至於信託管理費，則是要給負責操作 ETF 的公司，金額高低會因商品而異。通常是以每年約 0.2％～0.4％為參考值。

賣出時如有獲利，就和一般股票一樣要課稅。不過，若以 NISA* 帳戶操作 ETF 買賣，則可免除針對獲利所課徵的稅額。

───○ 美元計價的 ETF

再來看 SPDR Gold Shares（美股代號 GLD）和 iShares 黃金信託 ETF（iShares Gold Trust，美股代號 IAU），這兩檔以美元計價的 ETF，堪稱黃金 ETF 的主流。

市場上有很多檔專門投資黃金，或投資標的包括黃金的 ETF。不過，這裡介紹的兩檔，最大特色是總資產規模（單位淨值）和成交金額（交易量）都偏高。

---

* 譯註：日本的小額投資免稅制度（Nippon Japan Individual Savings Account）的簡稱。一般 NISA 的免稅投資金額是 120 萬日圓，最長可適用 5 年。

○ 推薦兩檔黃金ETF（美元計價）

	SPDR Gold Shares	iShares黃金信託ETF
美股代號	GLD	IAU
上市交易所	紐約證券交易所	紐約證券交易所
總資產規模 (2020年12月31日)	710億美元	319億美元
信託管理費	0.40%	0.25%
最低投資金額 (2020年12月31日)	178.36美元	18.13美元

　　總資產規模和成交金額特別重要，因為投資的人越多，代表買賣越穩定。而且，總資產規模和成交金額越高，表示有很多資金湧入，操盤的公司就能靈活運用這些資金，做更廣泛的投資。

　　換句話說，基金發行公司更容易把資金投入多項標的，或選擇多種投資方法，以便透過分散投資的形式，降低投資風險。

○ 日圓計價ETF

　　與金價連動的ETF當中，以日圓計價的有在東京證券交易所買賣的SPDR Gold Shares（日股代碼：1326.T）和純金上市基金（實金庫存於日本國內型）（Japan Physical Gold Exchange Traded Fund，日股代碼：1540.T）等。

　　在日本可買賣的標的當中，這兩檔算是較具規模的黃金ETF，最低只要花個幾萬日圓就能買到1口（股）。

○ 推薦兩檔黃金ETF（日圓計價）

	SPDR Gold Shares	純金上市基金 （實金庫存於日本國內型）
日股代號	1326	1540
上市交易所	東京證券交易所	東京證券交易所
總資產規模 （2020年12月31日）	7兆3648億日圓	1376億日圓
信託管理費	0.40%	0.44%
最低投資金額 （2020年12月31日）	18250日圓	6090日圓

另可參考「台灣黃金投資，第一次操作就上手！」：〈實戰篇 2〉黃金 ETF 的投資教學（P.29）

3 期貨適合專業操盤手

　　實體黃金以外的投資手法，還有黃金的期貨交易可以操作。但醜話先說在前面：如果你現在才要正式開始投資黃金，那麼我不建議新手小白投資期貨。

　　會投入投資期貨的人，大多是機構投資人或專業的投資操盤手，為了替手邊的資產避險而操作。從避險的角度而言，它的確是一種方便好用的工具。

　　然而，若是純粹做長期投資的話，不妨用定期定額的方式來分散買進時機，或透過每次小額買進等操作，可降低風險。

　　換言之，一般投資人使用「黃金期貨」這項投資工具的必要性很低，只要投資前面介紹過的實體黃金和 ETF，兩者搭配操作即可。

　　以上述觀點為基準，下面我打算稍微介紹一下「黃金期貨」的基本運作機制。

○ 黃金期貨的交易機制

看到「期貨交易」中的「期」字，應該不難猜想這是一種「決定未來預期的交易價格，日後再進行實際交易」的做法。

舉例來說，如果我們預測「兩個月後金價會上漲」，那我們就以「承諾在兩個月後，用現在這個價錢買」的方式來進行交易。要是兩個月後金價真的如願上漲，我們就能以兩個月前的便宜價格，拿到一批實體黃金。

因為期貨交易都有明定的交易期限（亦即「到期交割月份」），所以絕大多數的券商和投資人，都會在這個必須收受實體商品的期限前結清，確定損益。

黃金期貨是每兩個月結算一次。以日本市場來說，投資人能以每兩個月為單位，選擇最近的「兩個月後」到最久的「十二個月後」為期限，也就是說，總共有六種期貨合約來進行買賣。

如果覺得後勢看漲而買進黃金期貨，結果價格也如預期上漲，那麼投資人就可在合約到期前賣出。而賣出價與買入價之間的價差，即為投資人的獲利。

如果預期「兩個月後金價會跌」，那只要以「承諾在兩個月後，用現在這個價錢賣」的方式，進行交易，等到金價真的下跌時，投資人就能從中獲利。

可以買空賣空，就是期貨的最大特色。

期貨交易還有一個特色，投資人只要存入小額保證金，就能操作金額比保證金高出好幾倍的交易，這種交易手法稱作「槓桿交易」。

例如在金價每公克 7000 日圓時，買 1 公斤的實體黃金，需要準備 700 萬日圓的資金。然而，如果是操作期貨交易，只要在帳戶存入相當於十分之一交易金額（槓桿倍數會因業者及當下的行情狀況不同而異）的保證金，亦即 70 萬日圓，便能操作 700 萬日圓的交易。

這一套機制，讓投資人可用小額資金進行高額交易，資金運用效率可說是非常出色。不過，當交易金額大於手邊實際可運用的資金時，必須考量其中的風險。

以上述例子來說，當交易金額為 700 萬日圓，所以價格若出現一成的波動，造成 70 萬日圓的虧損時，預存的保證金就會全數化為烏有。

操作期貨交易，需具備買賣、風險管理方面的經驗，以及足夠的知識和技術，才能駕馭可能面臨的各種風險。

4 金礦類股

除了投資黃金本身之外，還能選擇投資那些負責開採的金礦公司，這種操作稱為投資「金礦股」或「金礦類股」。第一章曾介紹過，巴菲特投資的正是金礦類股。

投資金礦類股有兩種方法：直接投資金礦公司的股票，或者那些追蹤金礦公司的 ETF。

◯ 未上市的金礦類股

首先，來看看如何投資金礦公司的股票。

金礦公司的股價，基本上和金價高度相關。金價漲，金礦公司的股價就漲；金價跌，股價就跌。這個現象的背後有好幾個原因，但主要是跟開採成本有關。

挖掘黃金需要付出最起碼的開採成本，而金價不論漲跌開採成本都一樣。畢竟就算金價漲了，金礦公司頂多再請幾個人手，儘管會墊高人事成本，但設備費、燃料費，以及總公司營運成本等，不會有太大的變動。

在開採成本相同的前提下，若金價上漲，便能高價賣

出黃金。當市場預期金礦公司會因此的心態帶動下，金礦類股的股價會很容易受到金價牽引。

反之，當金價下跌且開採成本不變時，黃金會以低價賣出，導致獲利下滑。一旦市場預期金礦公司的獲利會因此銳減之下，金礦類股也可能輕易走跌。

以上述的連動關係為基礎，我們可以發現那些股價不易受到金價下跌影響的公司，往往具備某種特質，比如：始終嚴格控管開採成本、持續優化總公司的營運開銷，以及本身具備很雄厚的財力等等。

反觀開採成本較高的公司，就很可能因為金價下跌，使得開採成本高於金價，導致公司出現虧損。

再者，投資金礦類股畢竟是投資企業，所以各家企業的業績和經營績效，也會大幅影響股價。既然業績等因素也會反映在股價上，股價波動（volatility）自然比金價波動來得劇烈。

有鑑於此，投資人須特別留意各企業開採的金礦狀態。開發金礦前要先進行調查，從確認當地是否蘊藏金礦，再依序進入開採、生產等階段。在調查階段，金礦公司要先根據「這裡可能有金礦」的預測，進行相關的地質調查等工作。如果真的找到金礦，就可望大賺一筆，但也有可能白忙一場。

以投資標的而言，這個階段的金礦類股風險很高。說穿

了，投資一家專門挖寶的公司，簡直跟買樂透沒什麼兩樣。

還有，這種金礦公司的特色之一，就是大多沒有公開上市，而且既不容易找到投資標的，投資風險又高。所以建議投資人對於尚在調查階段的金礦類股，保持觀望即可。

話說我過去曾有一段時期，專門尋找尚在調查階段的金礦公司，因而常到開發案較多的新興國家等地，四處考察。

我當時的感覺是：願意在這個階段投入開發的人，從地質學者到負責籌措資金的業務員，多半都是冒險家。

不僅如此，投資人也多半是想一攫千金的人。我常聽到傳聞，說這些公司有可疑資金挹注，來源包括地方政治人物、軍隊、警察、黑手黨等。這些經驗更讓我覺得這些未上市的金礦類股，少碰為妙。

如果幸運押對寶，要狠賺百倍報酬的確不是夢，但有更多公司最終因為一無所獲，而黯然退場。

───○ 上市的金礦類股

通過地質調查，根據相關資料研判「應該有金礦」的公司，會進入下一個階段——開採。

開採需投入相當龐大的成本，所以進入開採階段的企業，多半會選擇此時掛牌上市，向資本市場募集資金。

反之，已經上市的金礦公司，很可能是「有望挖到黃

金」的公司。

有很多進入開採階段的金礦公司，會選擇在黃金產量可觀的澳洲證券交易所（ASX），或是加拿大的多倫多證券交易所（TSX）、多倫多創投交易所(TSXV)掛牌上市。

美國和英國股市也有金礦類股，但大多是已經熬到穩定生產階段的企業，所以總市值在10億日圓（約新台的2～3億元）以下的小公司，多半會選在澳洲和加拿大市場上市。

「掛牌上市」代表公司符合證交所的上市標準，故有一定程度的信譽。比方說，許多在ASX上市的公司，要發表探勘結果或礦產資源預測時，必須符合澳洲礦產資源及礦藏鑑定報告規範（Joint Ore Reserves Committee Code，簡稱JORC Code）。不過，規範的審核標準，在不同國家還是會有差異。

若以澳洲和加拿大來做比較，一般認為加拿大的標準比較嚴格。加拿大的金礦公司和市場人士，還會嘲諷澳洲證券交易所的JORC審查標準太寬鬆，說那裡的「JORC」簡直是「JOKE」。

因此，我曾聽過一個說法，單從「值得放心投資的公司」這個觀點來看，在加拿大上市的金礦公司股票，比較能安心買進。

5 金礦類股的ETF

由於金礦類股投資的是個別企業，故股價波動較大。碰到最壞的情況時，甚至必須承擔企業下市股票變壁紙的風險。ETF的存在正是為了降低風險，而將資金分散投資到不同的金礦公司上。

全球最知名的金礦股ETF，就屬VanEck黃金礦業ETF（VanEck Miners ETF，代號GDX）。

GDX是一檔投資美國和加拿大金礦類股的ETF，從大型股到小型股皆有布局，涵蓋範圍很廣。它在設計上，追蹤的是美國紐約證券交易所（NYSE）的黃金礦業指數（ARCA GOLD MINER INDEX，簡稱GDMNTR）。

儘管GDX的股價一度因為新冠疫情而下跌，但旋即收復失土，甚至超越疫情前的水準。以國別來看，GDX的投資標的由加拿大占了超過半數，再加上美國和南非，占比已超過整體的九成。

就個股來看，GDX投資的標的，大多是美國的紐蒙特黃金（Newmont，代號NEM）、加拿大的巴里克黃金（Barrick Gold，代號GOLD）等總市值偏高的權值股。投

○ 推薦兩檔金礦類股ETF

	VanEck 黃金礦業ETF	VanEck 小型黃金礦業ETF
股票代號	GDX	GDXJ
上市交易所	紐約證券交易所	紐約證券交易所
總資產規模 (2020年12月31日)	165億美元	63億美元
信託管理費	0.53%	0.54%
最低投資金額 (2020年12月31日)	36.02美元	54.24美元

資 GDX 的費用是 0.53％（2020 年 12 月報價），和其他追蹤金價的 ETF 相同或略高。

同系列的 ETF 中，還有一檔追蹤中小型金礦類股的「VanEck 小型黃金礦業 ETF」（GDXJ），和 GDX 一樣深受投資人青睞。

GDXJ 和 GDX 的差異，在於投資標的皆鎖定總市值低於 50 億日圓（約新台幣 11 億元）的中小型個股，以及設計上都是追蹤「MVIS 小型金礦指數」（MVIS Global Junior

Gold Miners Index）。

GDXJ 漲跌波動與 GDX 相近，在新冠疫情重創股市後半年，其股價已比疫情爆發前多漲了二～三成。

如前所述，金礦類股和金礦類股 ETF 的股價，都會受到金價波動的影響。

不過，它們的價位並非百分之百連動。原因在於股票和 ETF 的投資對象是企業，股價高低會受景氣影響，也和大盤行情有關。

因此，當金價出於股市崩盤等因素而大漲時，GDX 和 GDXJ 的漲幅往往不如金價亮眼。

6 銀、鉑、鈀的 ETF

再來看看黃金之外的幾種貴金屬。前一章也介紹過，銀、鉑和鈀是黃金以外經常買賣交易的貴金屬。

首先從投資實體貴金屬的觀點來看，銀可以操作實體投資，但銀的價格不如黃金，又佔地方，故需負擔保管成本。

此外，銀會變色這點也和金不同，雖然變色對品質幾乎沒有任何影響，但以「放在身邊欣賞其光彩」這點來看，銀或許不太適合當成實體投資的商品。

鉑和鈀的價位與黃金相近，但交易量皆不如黃金，故購買時通常要負擔高額的手續費和買賣價差。

總的來說，要投資這三種貴金屬，最好考慮和它們有價格連動的 ETF。

與銀價連動的 ETF 當中，我會推薦以美元計價的安碩白銀基金（iShares Silver Trust，代號 SLV）。

關於鉑的 ETF，Aberdeen 實體白金 ETF（abrdn Physical Platinum Shares ETF，代號 PPLT）相當不錯。

至於鈀的 ETF，可以考慮 Aberdeen 實體鈀金 ETF（abrdn Physical Palladium Shares ETF，代號 PALL）。

若要找以日圓計價，又可在東京證券交易所買賣的 ETF，那麼銀的部分有純銀上市基金（實體庫存於日本國內型，股票代碼：1542.T），鉑則有純鉑上市基金（實體庫存於日本國內型，股票代碼：1541.T），至於鈀則是純鈀上市基金（實體庫存於日本國內型，股票代碼：1543.T）等。

這些都是在日本國內可買賣的貴金屬 ETF 當中較具規模者，1 口（股）從幾千日圓到幾百日圓不等。

這裡介紹的 3 檔 ETF（1542、1541、1543）和說明黃金 ETF 時介紹的 1540，發行的投信公司都持有實體的貴金屬商品，價格也在這些實體商品的背書下變動。

此外，投資人持有達一定口數以上者，可憑 ETF 換回實體黃金條塊。

另可參考「台灣黃金投資，第一次操作就上手！」：
〈實戰篇 3〉貴金屬投資入門（P.39）

○ 銀、鉑和鈀的推薦ETF（美元計價）

	安碩白銀基金	Aberdeen 實體白金ETF	Aberdeen 實體鈀金ETF
股票代號	SLV	PPLT	PALL
上市交易所	紐約證券交易所	紐約證券交易所	紐約證券交易所
總資產規模 (2020年12月31日)	147億美元	13億美元	3.5億美元
信託管理費	0.50%	0.60%	0.60%
最低投資金額 (2020年12月31日)	24.57美元	100.73美元	229.56美元

○ 銀、鉑和鈀的推薦ETF（日圓計價）

	純銀上市基金 (實體庫存於日本國內型)	純鉑上市基金 (實體庫存於日本國內型)	純鈀上市基金 (實體庫存於日本國內型)
股票代號	1542	1541	1543
上市交易所	東京證券交易所	東京證券交易所	東京證券交易所
總資產規模 (2020年12月31日)	86億日圓	161億日圓	16億日圓
信託管理費	0.55%	0.55%	0.55%
最低投資金額 (2020年12月30日)	8180日圓	3250日圓	66600日圓

7 比特幣

最後，想稍微介紹一下比特幣。或許有人會很困惑「為什麼談貴金屬投資會扯到比特幣？」

儘管比特幣看不見又摸不著，卻擁有「數位黃金」的封號，所以可以將之視為如同黃金的一種大宗物資。

投資人只要先開設一個虛擬貨幣專用帳戶——「錢包」（wallet），便能隨時進行比特幣的現貨交易。

由於目前 1 比特幣（BTC）的報價已突破 200 萬日圓（2020 年 12 月），進場投資的成本很可觀，故幾乎所有比特幣帳戶都能以 0.1BTC，甚至 0.01BTC 為單位，一點一滴地加碼買進。

比特幣的交易平台，有代買所和交易所兩種。代買所是投資人向交易平台業者購買虛擬貨幣的地方；交易所，則如同股票的證券交易，會依交易人下的買單、賣單，來決定交易是否成立。

代買所和交易所都在做虛擬貨幣的買賣，但報價卻不盡相同。代買所是向代買業者購買，好處是隨時都可買賣，不過相較於交易所成交的價格（市價），在代買所買入的價

格偏高，售出的價格偏低。

　　交易所則有個買賣上的缺點，即為必須在市場上找到其他對價格有共識的投資人，否則買賣就不會成立。不過，在交易所的買入價會比代買所便宜，售出價也比代買所漂亮。還有另一點要特別留意，那就是每個交易所都是由虛擬貨幣的交易平台業者自行開設市場，買賣交易都在這個市場中進行。

　　股票和 ETF 的交易，是以證券交易所為主體，故所有要交易的頭資人，都會聚集在同一個地方進行買賣。這一點和虛擬貨幣很不一樣。

　　虛擬貨幣的交易方式，概念上就像是有好幾個小規模的交易所，分散在國內外各地。在使用者多，交投熱絡的交易所裡，會依買賣雙方的供需狀況，開出行情價格；門可羅雀的交易所，投資人可能會賣得比行情貴，也可能賣出低於行情的價格。

　　相較於黃金，比特幣和股市行情之間的關聯性較高，有時會因股市大盤急殺，而導致比特幣的價格下跌。

　　此外，我在第一章也提過，包括黃金在內的各種貴金屬，皆很難以人工方式合成，供給量幾乎是不會再向上提升，但包括比特幣在內的虛擬貨幣，整體供應量都還可以提高。

儘管比特幣的發行量有上限，但只要其他虛擬貨幣的發行量增加，虛擬貨幣整體的供給量也會隨之上升，這點和「價格被供給量左右」的貴金屬有很大的不同。

　　因此，就「資產分散配置」的角度來看，比特幣的確值得持有；但從「資產長期穩健成長」的角度來看，供給量已看得到上限的黃金，還是比將來仍有可能出現新貨幣的虛擬貨幣更值得投資。

　　在了解黃金及其相關商品之後，接著要進入實務的部分。究竟該買哪一種貴金屬？該怎麼買才對？

　　下一章，將來探討各種實務操作的方法。

第 4 章

長期投資策略
訂出規則，機械式地定期定額投資

1

三大原則：
長期、分散、定期定額

本章要來看看投資黃金的具體方法。

黃金和黃金相關的投資商品種類五花八門，但我最推薦的是實體黃金、黃金 ETF（美元計價和日圓計價），還有銀、鉑、鈀的 ETF，以及比特幣。並且藉由安排投資組合，打造出具備高度分散風險效果的資產吧。

關於黃金投資，我想提出三個關鍵字：長期、分散及定期定額。

（1）長期

第一個關鍵字「長期」，關鍵在於認清「財富，無法在短期內創造」的事實，來預防自己因操之過急、倉促出手，而承擔過大的風險。

況且黃金和黃金相關的投資商品，價格隨時都在變動，長期分散在不同時間點買進，才能降低「在高點砸下所有資金」的風險。

○────○ （2）分散

第二個關鍵字「分散」，是指要牢記分散在不同時機買進的「時間分散」，和布局不同投資標的的「商品分散」。

投資期間拉得越長，越有可能發生預期之外的事。如某個國家破產，或爆發嚴重的通貨膨脹，甚至發生了嚴重的天災等，雖然我們不樂見這些可能引爆市場崩盤的事件，但或早或晚一定會發生。

重點在於先去了解這些風險，然後預先備妥對策，以降低或避免衝擊。

第一章提過，投資黃金是一種「保險」，足以成為應對股票或黃金出事時的風險對策。以這個觀念為最大前提，在操作黃金投資時，也應搭配多種不同商品來分散投資。

理論上，投資標的越分散、風險越低，不過同時投資也容易讓績效（投報率或殖利率）跟著打折扣。但我想再三強調的是，黃金的供給量有上限，加上貨幣供給量面臨增加和通膨風險升溫等趨勢，皆為推升金價的因素。

所以，相較於在股市分散投資所創造的績效，我覺得投資多種不同黃金商品，才不至於讓績效打太多折扣。

○──── ○ （3）定期定額

第三個關鍵字「定期定額」，指的是每月固定提撥一定金額，買進黃金和黃金相關的投資商品。只要妥善利用這項服務機制，就能讓持有的投資商品自動增加。

相較於自行看準時機買進的投資方式（實體黃金投資界稱為「單筆申購」），定期定額不需費心確認價格波動，也能防範「忘記下單」。

既然不必緊盯價格波動來購買，應該能減少不少情緒隨著漲跌而七上八下的情況吧！而且投資人也可以自行決定每月「定期定額投資」的額度，在不造成經濟負擔的範圍內投資。所以只要少量金額，就能馬上進場投資。

從績效面來看，訂出一個「每月提撥額度」來做定期定額投資，等同於讓投資人在低價時多買、高價時少買。長期反覆操作下來，取得成本會比訂下「每月買進數量」的方式更低。

這種做法稱為「平均成本法」（Dollar-Cost Averaging，簡稱 DCA）。

倘若我們知道金價何時會漲、何時會跌，那麼趁低點單筆申購，大量買進，當然是最理想的辦法。但沒人能萬無一失地完全猜中市場的價格波動，萬一不幸猜錯，損失可就大了。

　　雖說目前有辦法做出一定程度的市場走勢預估，準確度也頗高，不過這種預測需要認真鑽研技術線型等資料，還要每天耗時費力地觀察價格波動。

　　換言之，對於沒把握看準價格波動趨勢的人，以及無法或不願意在看盤上耗費時間和心力的人而言，定期定額是累積財富最簡單、有效率的方法。

長期投資策略

2 準備開始定期定額投資

那麼，該從何處開始著手？首先要做的事情很簡單。

◯ 如何挑選證券公司

第一步，我們要開設定期定額投資實體黃金、含黃金在內的四種貴金屬 ETF，以及比特幣的帳戶。

投資實體黃金的部分，可找提供純金定期定額投資服務的金融機構或證券公司開設帳戶。至於開戶時的重點，我建議最好選擇一家既可定期定額，也能單筆申購的公司。

大宗物資基本上都靠定期定額投資來逐步買進，但隨著熟悉操作手法後，或許會出現讓你想趁「便宜」多買一點的時機，或者領到額外獎金等手頭寬裕時再投入一些資金。這時若有個能單筆申購的帳戶，操作起來會比較方便。

附帶一提，單筆申購的英文「spot」，原本意指「當場、當下」；用在「單筆買進」上則延伸為「用當下的價位，買進想要的份量」之意。

接著是投資貴金屬ETF，需要要開設證券公司的帳戶。

為了分散投資標的，最好選擇也能買進美元計價的券商，未來可以方便買進美股的公司。

至於比特幣，則要找有承辦虛擬貨幣業務的業者開設帳戶（錢包）。

不論是上述哪一項商品，若選擇定期定額投資，都要做好長期投入和持有的打算，加上買進的次數會很多，所以建議挑選買進手續費便宜，每年管理費比較低，甚至免費的公司開戶。

──○ 決定每月投資金額

第二步，確認每月的家計狀況、儲蓄金額，並檢視近期是否有大筆支出規畫，來決定每月的投資金額。

帳戶和每月投資金額都定案後，還要訂下定期定額投資的期間，即使稍微模糊一點也無妨。

我所建議的長期投資方案，是以打造一筆能夠供應退休生活的資金為目的。

所以，如果還有 20 年才會退休，就將投資期間設定為 20 年；若是 15 年後退休，那麼設定 15 年即可。

對絕大多數的人來說，光靠退休金根本難以度日，往往要拿出自己額外的積蓄，設法湊足生活開銷。這種狀態

下，恐怕很難進行定期定額的黃金投資，所以我覺得不妨將「退休」設定為結束定期定額投資的目標期限。

將每月投入的金額，乘上退休前的年數來計算，可估算出自己究竟能為老後準備多少生活資金。要是計算過後，驚覺「比預期少很多」，不妨稍微縮減目前的生活費，多挪出一點錢用在定期定額上。

另外，進行定期定額投資的期間及結束時，要掌握自己究竟有多少資產，但不必考慮這筆錢該怎麼花用。

雖說隨著年紀增長，投資的必要性會逐步遞減，與其把錢放在黃金或股票這種價格會隨波動起伏的投資商品上，不如多留一些現金在身上。不過，也不必因此出清手上的投資商品。

如果你只有「現金」資產，遇上通膨時資產會面臨大幅縮水的風險。從這個角度來看，我認為只要在退休生活費短絀時，再分批拿出需要的量來變現即可。暫時不會動用的部分，不必勉強贖回變現，而是當成一份「保險」，半永久性地持有即可。

以我個人目前的狀況來說，就尚未決定要在何時將投資的資產賣出變現，也沒盤算過該怎麼使用。

3 投資組合的配置

　　做好定期定額投資的準備之後，接著要決定買進什麼商品、買進多少，再下單買進。

　　在這之前，我們先來了解一下「分散」的意思。

　　其實資產的分散配置（投資組合）沒有所謂的「標準答案」。畢竟每個人對風險的承受度，以及收益性、安全性等方面的想法都不同。

　　比方說，單身人士和家有子女的人，對風險的承受度就不一樣；年輕族群和快退休的人，對收益性和安全性的考量也有差異。

　　最理想的投資組合，甚至會因為當下的行情走勢而變動。所以，在此謹分享我個人認為最合宜的資產配置。

　　先把可用於投資的資金，分出 10％～ 30％來做短線操作，70％～ 90％則為長期投資。

　　接著，再參考下列占比結構，將長期投資用的資金（總資金的 70％～ 90％）分別投入以下三類投資工具：

○ **長期定期定額投資的投資組合**

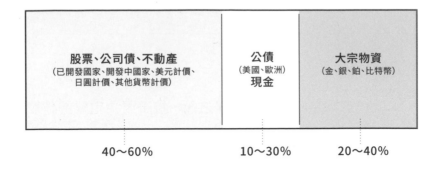

（1）預期景氣升溫的資產（高風險、高報酬的資產）
　　在股票、公司債、不動產（已開發國家、開發中國
　　家、美元計價、日圓計價、其他貨幣計價）配置
　　40%～60%的資金。

（2）為景氣低迷預做準備的資產（低風險、低報酬的資產）
　　在公債（美國、歐洲）、現金上配置10%～30%的資
　　金。

（3）與上述兩者連動性低的資產
　　在大宗物資（黃金等貴金屬、比特幣、其他大宗物
　　資）、現金上配置20%～40%的資金。

至於本書的主題——黃金和黃金相關的投資商品，則列入是長期投資用的資金（總資金的 70%～ 90%）當中，屬於大宗物資（20%～ 40%）的範疇。

　　換言之，在可用於投資的總資金當中，至少有 14%、最多則有 36%的資金，可用來投資黃金等大宗物資。

　　假如每個月可用於投資的資金有 10 萬日圓，那麼可配置在黃金等大宗物資方面的額度，就是 1.4 萬～ 3.6 萬日圓。

　　假如每個月設定的投資額度是 5 萬日圓，就可以用上述的一半，亦即 7 千～ 1.8 萬日圓為參考值，定期定額投資黃金等大宗物資。

長期投資策略

4

為什麼黃金適合
長期、定期定額投資？

你現在的投資組合是怎麼配置的呢？

以我周遭的一些投資人為例，有一定投資經驗，而且持有股票等資產的人，往往很少將資金用於長期的定期定額上。雖然也有人在做長期定期定額投資，但以資金配置來看，會發現「預期景氣升溫的資產」占比相當高；「為景氣低迷預做準備的資產」和「大宗物資」的占比很低，甚至趨近於零。

這種形態的資產配置，在景氣一片大好時，固然可以獲得相當高額的報酬；一旦爆發崩盤，資產恐將一口氣大縮水。

為了降低這樣的風險，希望各位能以長期定期定額投資為前提，至少將 20％的資金配置在大宗物資上。

投資小白，
請從長期定期定額起步

過去沒有投資經驗或認為「現金最安全」的人，大多以現金形式來持有大部分的資產，在「預期景氣升溫的資

產」和「大宗物資」方面的資產占比相當低。這種形態的資產配置，即使遇到不景氣，也不會受到太嚴重的衝擊。

　　不景氣通常會伴隨著通貨緊縮，因此現金持有占比越高，資產價值就越高。只不過，資產本身並不會增加。

　　平常直接轉入銀行帳戶的那些薪資等收入，會被直接當成生活費花掉，所以還能定期收到充足薪資時，當然沒有任何問題。然而，當入帳金額減少，或者進入領年金、月退俸的階段時，生活費很可能會出現缺口。

　　若想避免這種未來發生，最好從現在起開始進行長期定期定額的投資，適度承擔風險，是相當重要的觀念，即使投資金額不高也無妨。我也希望各位多關注大宗物資的投資，為通膨風險預做準備。

　　為了保險起見，我會把自己摸索出來的這套投資組合和根據寫出來。

　　我建議的這一套投資組合，是我還在華爾街工作時，根據當時的專業操盤手和業務部門推薦的長期投資組合為前提來規畫的。

　　他們操作的投資工具，主要是預期景氣升溫的資產（如股票等），和為景氣低迷預做準備的資產（如債券等）。而推薦的投資組合以占比而言，跟景氣連動程度較高的股票等資產佔 70％；債券等安全資產佔 25％；大宗物資則只配置 5％左右。

不過，這種配置組合的背後原因，其實是因為賣股票或債券的手續費收入，遠比推銷大宗物資來得多。所以，若扣除這個因素，我認為大宗物資的投資占比應該再調高一點。尤其是把長期投資當作一份「保險」來持有的觀念也很重要。

　　考量上述因素之後，我才摸索出下面這套資金配置比例：「景氣升溫時有利的股票」佔 40％～ 60％；「景氣低迷時抗跌的債券」佔 10％～ 30％；「包括黃金在內的大宗物資」佔 20％～ 40％。

　　話說「大宗物資」一詞，通常包含原油等能源類，以及玉米和大豆等穀物類。

　　不過，在我構思的投資組合中，沒有將能源或穀物類當成大宗物資的主要投資標的。主要是能源和穀物是能控管供給量的商品，未來仍有可能因為供給量增加而面臨跌價風險。

　　至於原油等能源類商品的價格，與景氣的關聯性很強，所以遇上不景氣時，可能會和股市一起下挫。

　　既然我們會在「預期景氣升溫的資產（高風險、高報酬的資產）」這個類別買進與景氣連動的投資商品，那麼從「安全資產」或「保險」的觀點來看，我認為長期定期定額買進能源或穀物類的必要性，就顯得很低了。

5

黃金以外的貴金屬，
也要多元布局、平衡投資

接著，我們來想一想該怎麼買。如同前述，你的投資總額中，配置給黃金類別的資金最低也要 14％，最多 36％。而這一筆資金還要再分散投資。

舉例來說，假設我們將投資「包括黃金在內的大宗物資」的金額，設定為「長期投資」資金的 30％。

以我來說，會將這 30％資金的三分之一，用於投資黃金和黃金相關商品：一半投資黃金 ETF（美元、日圓計價）；另一半則投資金礦類股或實體黃金。

然後，這 30％資金的三分之二，則用於黃金以外的商品。也就是說，我會平均配置在銀、鉑和鈀、虛擬貨幣，以及其他大宗商品上。

好了，我們重新整理一下。

以分配到各項商品的投資占比來看，總投資金額的 30％當中，黃金 ETF 佔 5％（美元、日圓計價）；金礦類股或實體黃金 5％；銀佔 5％；鉑或鈀佔 5％；比特幣佔 5％；其他大宗物資佔 5％。

○ 大宗物資的投資組合

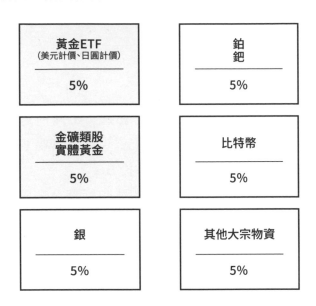

以上是我構思的資金配置範例。我認為這是一套足以對抗股市崩盤等空頭因素，又能在大宗物資領域中，將風險分散到多樣商品上的投資組合。

6

小額投資，
採「每月輪替」買進

選擇小額投資的話，就無法將一份資金分散配置得這麼細。畢竟，每一種投資商品都有最低投資金額的限制，如果我們「這個想買，那個也想買」，預算上會很難如願。

若是這種情況，我建議可以優先買進黃金 ETF。因為我們投資大宗物資的主要理由，是為了避免大盤崩盤時，面臨血本無歸的「保險」。

從避險角度來看，與黃金相較下，金礦類股、銀、鉑、鈀金和比特幣等的價格漲跌，深受景氣和股市行情的影響，所以沒必要急著買。

這種景氣連動型的投資商品，只要在「預期景氣升溫的資產（高風險、高報酬的資產）」時買進即可。

另一方面，雖然實體黃金的價格跟和景氣或股市的關聯性不強，卻有個缺陷——不論買進或保存都要付出高額的成本。

綜合以上各點，最好以黃金 ETF 為優先，特別是資金有限時，可以採取每月輪流買進以美元或日圓計價的 ETF。

○ 分散買進大宗物資的方法

1月	2月	3月	4月
黃金ETF （美元計價、日圓計價）	金礦類股或 實體黃金	銀ETF	鉑或鈀ETF

5月	6月	7月	8月
比特幣	其他大宗物資	黃金ETF （美元計價、日圓計價）	金礦類股或 實體黃金

9月	10月	11月	12月
銀ETF	鉑或鈀ETF	比特幣	其他大宗物資

　　或者你也選擇更費事一點的方法，從黃金 ETF 到比特幣，每月輪流買進所有投資商品。

　　例如 1 月買進以美元計價的黃金 ETF；2 月改買金礦類股或投資實體黃金；3 月買銀；4 月下單買鉑或鈀；5 月再買比特幣，6 月買其他大宗物資等等。

　　用這一套方法，只要半年就能買齊黃金和黃金相關的投資商品。

　　接著到了下半年，可以操作 1 月時沒買的 ETF（美元或日圓計價皆可），或是 2 月時沒買的金礦類股或實體黃金，甚至補買 4 月時沒買的鉑或鈀。如此一來，既能分散資產，又可湊齊各種黃金及其相關商品。

7 決定規則，按表購買

手動操作買進時，要請各位特別留意：嚴守每月定期定額的分配規則，並且按表操課地購買。建議預先想好一個方便的日期，每月固定下單。

或許有些人會覺得也太麻煩，但只要一次擬訂好計畫、在日曆上設定提醒，就能輕鬆投資。例如，我會選在週末這種沒開盤的時候下單，因為沒開盤就不會一直在意價格變動，還能為自己減輕壓力。

如果你會因為想到「反正黃金遲早會漲」，而打算多買一點黃金；一遇上比特幣急漲，就心癢到想多買一點的話，這種判斷方式，勢必會稀釋分散投資的效果。

因此，一旦你決定好各項商品的投資占比，就要認真當成個人投資守則來遵守。

如果決定每個月都要買進 1 萬日圓的黃金，即使有一天覺得「現在是絕佳買點」，也要確實遵守「1 萬日圓」這個額度上限。

反之，就算覺得「現在行情已在高點」，也要確實下足

1萬日圓的買單。這種操作手法的關鍵，在於我們只要按表操課式地下單買進即可，不必夾雜任何情緒，也毋需多做預測。

───○ 減少精神壓力的投資法

有鑒於此，我很推薦用自動扣款的服務來每月買進黃金，因為這樣就不必在投資過程中面臨「會不會太貴了？」「應該到低點了吧！」「萬一賠錢怎麼辦？」等情緒或考量，可以想也不想地按表買下去。

我認為用這種定下資金分配占比，來建立一套固定式、自動化的購買方式，有助於降低剛入門新手對投資的心理障礙、不安與擔憂。投資人難免會擔心「萬一賠錢怎麼辦？」。畢竟要拿出寶貴的財產去投資，擔心也是理所當然的。

不過，擔心是沒完沒了的，只會讓人永遠無法踏出投資的第一步。

舉例來說，新冠疫情爆發後，市場突然搶買黃金，帶動金價衝上歷史高點。即使與銀價相比，金價看起來也處於大幅偏高的水準。看到這個線型走勢，恐怕會讓人萌生「金價太貴了」、「改買銀好了」的想法。

可是，若從另一個角度來觀察，黃金受到貨幣供給量增加和通膨的影響，價位其實還有可能再創新高。至於和金價相比顯得實惠許多的銀價，後續或許會回歸到平均值，也可能在低檔盤整一段時間。

既然無法百分之百正確預測未來的價格波動，那麼擔心也無濟於事，或說擔心也沒有意義。

所以定期購買的方式就短線來看，有時或許會買在高點，但長期操作下去，總是會遇上低點買進的時機吧。

只要能這樣思考，各位就不會被眼前的價格擺佈，也不必考慮太多買進時機的問題了。

8 不看線圖

　　如果選擇做策略性的長期投資，那麼讓自己按表持續買進黃金的訣竅，或許會是「下定決心不看線圖」。

　　萬一看了線圖發現金價在跌，你應該會覺得「上個月買貴了」；反之，上漲的話則可能猶豫「現在賣掉會不會比較有利？」

　　倘若你認為自己看線圖後，心情可能會因為改買貨該賣而搖擺不定，那最好別看。甚至乾脆禁止自己「不看線圖」、「不開看盤軟體」，對心理健康比較有益。

　　此外，希望各位也要做好「金價隨時都在變動」的心理準備。觀察以往的價格波動，不難發現金價在2011年達到高點之後，直到2020年爆發新冠疫情之前，其實都表現得很低迷。

　　2011年前後購買的人，必定會因為「買貴了」而後悔；疫情爆發後才進場的人，恐怕也會後悔「那時應該趁低買進的」。不論投資標的是不是黃金，但凡投資都無法避免這種「錯失良機」的風險。

　　所以我們只能用「投資就是這麼一回事」勸自己看開

一點，或懷抱「未來一定會漲到 5000 美元」「上看 1 萬美元不是夢」「投資黃金是為了避險」的心態，決心不去在意過去的價格波動。

靠著長期投資成為全球頂尖富豪的華倫‧巴菲特，正是一個刻意不看股價波動的投資人。相信也有很多人知道，巴菲特的辦公室裡沒有電腦。

一提到投資，或許有些人會想到分析走勢線型。其實不看線圖，甚至看不懂線圖，也能操作長期投資，累積資產。

────○ 也不必緊盯新聞

為了鑽研投資而閱讀經濟新聞的確很重要。只不過，如果你是那種非常在意金價波動，或者在定期定額攢存的資產是增是減的人，或許不要每天看新聞會比較好。

金價會受到各國央行金融政策等因素的影響，所以只要掌管美元貨幣供給量的美聯儲（FRB）宣布量化寬鬆或縮減購債（tapering）等消息，有時候就會出現較大的波動。

操作短線的投資人，或許需要多多關注這種和市場基本面相關的新聞報導；但如果是操作長期投資的話，不用太過在意也沒關係。

為什麼我會這樣說？因為以長期投資而言，過去幾十年來的貨幣供給量正逐步增加，以及社會經濟很可能朝通

膨方向發展等趨勢，其實比近期的美元動向更重要。

　　再者，定期定額投資這些黃金等資產的目的，是為了存一筆老後的生活費。因此，除非遇上特殊情況，基本上不會賣出。我所謂的「特殊情況」，是指突然急需周轉，或手上持有的黃金價格飛漲，導致投資組合占比出現變化時。

　　確認上述觀念後，如果你發現自己看到「金價高檔」的新聞會有「該不該賣？」「賣了是不是更賺？」等盤算的話，最好不要再看經濟新聞了。

　　這是在對長期定期定額投資的過程，進行精神上的騷擾。

　　如果還是想關心新聞，要記得在心態上劃清界線，告訴自己：「這只是為了精進經濟和投資的相關知識而已」。

　　下定決心不胡亂動用長期積存的黃金，也不擅加更改定期定額的投資方針，並且懂得切割新聞報導與個人投資，將兩者分別看待，是長期投資黃金時的一大關鍵。

長期投資策略

9

再平衡：
維持投資組合的配置比例

接下來談談手邊資產的管理方法。

進行長期投資時，不去更動投資商品的配置比例，是一個相當重要的關鍵。如果設定投資組合的配置是「股票40%～60%，債券和現金10%～30%，黃金等大宗物資20%～40%」，就要堅守這個比例、持續買進，同時確認已購買的資產是否維持在預設占比範圍內。

維持投資組合的配置比例，有助於提高分散投資的效益，長期下來也能降低因價格波動所造成的風險。

假如實際的配置比例與預設占比稍有出入，倒還不成問題。但要特別留意大盤行情驟變等因素，而帶來的大幅變動。

股票和黃金等投資工具的報價隨時都在變，一旦股價大漲，股票的占比會上升：若金價暴漲，則會使大宗物資的持有比例上揚。

單就大宗物資來看，即使我們將資金妥善配置在黃金ETF和銀等標的上，也會因為當下的行情波動，而使我們的持有黃金的金額比例，顯得偏高或略低。

若置之不理，將使分散投資的配置失衡，讓整個投資組合輕易被特定商品的價格波動所左右。

　　為了避免這種情況發生，我們要牢計自己預設的投資占比，定期確認手邊資產的比例分布，然後調整偏離預設占比的部分。

　　這個動作稱為再平衡（rebalance），操作方法有兩種。

第一種，加碼投資比例偏低的領域

　　例如原先預設「大宗物資占比 20％以上」，但在定期定額投資的過程中，因為金價下跌，或股票等資產的價格上揚，使得大宗物資的配置比例降到了 10％這時就要拿出額外的資金，加碼買進黃金或黃金相關的投資商品。

　　若是「大宗物資」因銀價下跌而拉低占比，同樣要加碼投資買進銀，將比例調整到接近預設值的水準。

第二種，改變按表定期定額買進的商品數量和順序

　　相信也有不少人很難拿出額外的資金來加碼，這時不妨用調整數量和順序的方式進行再平衡。

　　再以「大宗物資 20％以上」的定期定額投資為例，當金價下跌等因素，使其在大宗物資的投資組合占比下降時，可從投入股票或債券的金額著手，藉由調降或暫停投資來調整占比。

○ 投資組合的再平衡

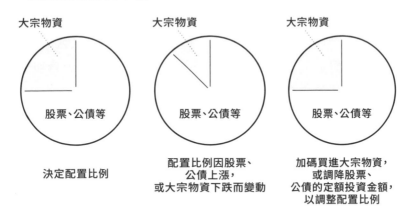

大宗物資	大宗物資	大宗物資
股票、公債等	股票、公債等	股票、公債等
決定配置比例	配置比例因股票、 公債上漲， 或大宗物資下跌而變動	加碼買進大宗物資， 或調降股票、 公債的定額投資金額， 以調整配置比例

　　可以視情況出售比例偏高的資產。雖說是「定期定額」，但不見得只能一直買進，賣出也是一個選項。

　　大宗物資內的「再平衡」，也是用同樣的方式調整。比如，當黃金占比增多時，就減少投入黃金 ETF、金礦類股和實體黃金的資金。或者透過暫停黃金的定期定額投資，提高其他貴金屬的買進數量，來讓資產配置比例趨近原先設定的投資組合。

────○ 切莫衝動買進

　　操作「再平衡」時的關鍵，在於讓投資組合的配置比

例回歸原始設定，以避免分散投資的效益被稀釋。

　　為此，我們有必要確實掌握現有資產的狀況，了解各項商品的大致占比。最重要的，確實遵守預設的比例。

　　如果設定「大宗物資 20％～ 40％」，不管再怎麼想買進黃金、深信金價一定會漲，你能持有的上限就是總投資金額的 40％。所以當金價上揚到持有部位超過 40％時，就要設法讓占比不再上升。

　　股票或債券也一樣。如果已經預設「股票 40％～ 60％」、「債券、現金 10％～ 30％」，那麼股票至少要維持 40％的比例，債券、現金則至少要持有 10％。

　　嚴守投資紀律，維持住預設配置比例的作為相當重要。

　　我個人認為目前股市正處於泡沫期，所以沒打算買進，而抱著債券和現金則會造成機會損失，所以也不願意持有。

　　反之，我認為黃金早晚會突破 5000 美元大關，因而打算盡量加碼買進。儘管如此，我還是嚴格遵守各項投資商品的占比。

　　因為與其用「喜不喜歡」、「想不想買」等情緒衝動，或者「應該會漲（跌）」之類的預測來投資，不如落實做好長期持有該做的風險管理，才是更重要的工作。

◯ 再平衡的具體做法

　　我稍微談一下具體做法吧。再平衡的基本原則，就是

減碼比例過高的投資項目，並加碼占比偏低的投資項目。

　　為了方便理解，我舉一個例子。

　　假設我們原本設定在大宗物資中，黃金 ETF 和實體黃金的配置比例合計為 50％，銀、鉑、鈀和比特幣則為合計50％。

　　以這套標準來進行定期定額投資之後，由於金價上揚，使得黃金 ETF 和實體黃金合計占比來到了 80％。那麼，該加碼投資黃金以外的哪一項商品呢？

　　這時候才終於輪到線圖上場。

　　我們要觀察線型走勢，優先選擇價位偏低的商品，或者價格相對比金價便宜的商品。不過，比特幣屬於新興資產，較難判斷其合理價格。因此，決定不加買黃金之後，我們最好從銀、鉑和鈀，三者當中挑選要加碼的資產。

　　至於銀、鉑和鈀該怎麼挑，只要看 ETF 的線圖，就能明白其 RSI 水準、MACD 走向，以及移動平均線與現價的關係等項目上，表現各有不同。

　　上述各項指標的判讀方法，我會在下一章詳細解說。總之，當 RSI 數值偏低、MACD 往下，再加上現價低於移動平均線，代表該商品的賣壓大，價位處於偏低水準。

　　假設價位偏低的程度高低，依序是「銀、鉑、鈀」的話，那麼原本應該投資黃金的那筆資金，就該依同樣的順序，用來投資銀、鉑和鈀。

10 投資組合，每月檢視一次就夠了

　　評估再平衡的時機，只要安排在定期定額投資約一、兩年，手邊資產稍有增加後即可。到了這個階段，整個投資組合可能會因為各類商品的漲、跌，而打亂該有的比例。

　　定期定額投資的初期階段，還不必檢視資產配置是否符合原先規畫。因為這時的資產總額較少，只要稍微碰上價格波動，就可能導致配置比例生變，所以只是看起來需要再平衡罷了。而且，即使資產稍有增加，也不必有事沒事確認平衡度。

　　基本上「每三個月檢視一次」就夠了。養成以這種頻率來檢視投資組合的習慣後，除非遇到「疫情重創金融市場」這類大盤行情劇變時，再另行確認即可。

　　不過，如果你是「每月」定期定額投資不同商品，那麼在下單時順便確認也是一個好方法。

　　比方說，假設你每月輪流買進「金礦類股、實體黃金」和「鉑、鈀」，那應該是自行手動操作下單。所以，不妨趁每次下單時，確認資金配置的現況，掌握大宗物資的占比，而且應該幾分鐘內就能完成。只要查看金融資產的總金額，

以及各項目的占比就好。

　　看過現況之後，如果比例符合原先規畫就沒有問題；若大幅偏離原先規畫，再考慮是否進行再平衡。

　　這項作業完全沒有每月都來一次的必要性。只是提醒你每次下單時，評估是否需要進行再平衡，有必要時再做就好。經驗上，每年只會遇上幾次再平衡的操作。不需要進行再平衡的話，是皆大歡喜。

　　不麻煩、無壓力，用近乎「放牛吃草」的方式，就能累積資產——正是長期投資的一大優點。

第 **5** 章

短期投資策略

從線圖看見買點、賣點的訊號

1

先把長期投資的概念放一邊

本章要來了解黃金及其相關投資商品，要如何進行短線操作。

我在前面不斷強調，黃金基本上是透過長期持有的方式，來發揮「保險」的效果。未來黃金可望因為貨幣供給量增加或通貨緊縮風險而上漲，以中長期來看，金價有機會上看 5 千、甚至 1 萬美元。但就短線而言，金價的波動也有助於推升投資績效。

所以本章的主旨，是考量到既然各位已經學了黃金的投資心法，就不要只用在長期投資上，也嘗試運用在短線進出上吧。

不過，在考慮進行黃金的短線投資之前，請各位務必暫時忘記定期定額、持續買進的長期投資思維。

長期性定期定額投資的關鍵，在於投資人要「閉著眼睛買」。盡可能不看各種線圖，也不理會任何經濟新聞，甚至避免檢視買進價位和價格波動。只要偶爾確認分散投資的配置比例有無偏離規畫，並在大幅偏離時進行再平衡操

作即可。

　　短線進出正好相反。要不厭其煩地確認線圖、積極關心經濟新聞，以及仔細看準買進價格和價格波動。

　　長期投資只要機械式地買進，不必考慮賣出時機；短線進出是以短則數日、長則幾個月內賣出為前提，而且還要判斷最佳買進時機。

　　短線進出和長期定期定額投資不同，要隨時緊盯線圖，確認價格波動和走勢等。不熟悉投資操作的人，恐怕會覺得很有壓力。

　　一手操作長期定期定額投資，一手操作短線進出，等於要學會用兩種視角檢視同一個交易市場和價格波動，所以要習慣兩者之間的意識切換。

　　有鑑於此，我建議投資經驗不足的新手，先從長期定期定額投資的方式起步，熟悉投資操作之後，再開始操作短線進出。

　　至於熟悉投資操作需要花多少時間，答案因人而異。參考值是半年，可以的話，最好先累積約一年的定期定額投資經驗，確定自己不會因為一丁點價格波動而提心吊膽之後，再投入短線操作。

2 備妥一筆短期買賣的專用資金

　　在開始操作短線進出之前，必須預先準備好一小筆資金。以走短線策略的投資資金而言，建議各位至少要準備30萬日圓（約新台幣6.6萬元）。

　　需要這樣一小筆資金的理由，是因為短線的投資金額越高、投資效率越好。假設能賺3％左右的獲利，那麼投入資金3萬日圓，只能賺到900日圓；但投資30萬日圓，就能賺9000日圓。

　　另外，長期定期定額投資不會輕易賣掉資產；短線進出則必須在短期間內一再成交。

　　只要價格沒按照預期的方向發展，就會出現虧損，投資資金也會因為交割結算而減少。百戰百勝當然是理想狀態，但現實不會如此美好。有時我們還會一再停損（處分虧損的資產），導致資金見底，無法繼續操作短線進出。

　　為了避免陷入這種窘境，我們要備妥一定程度的資金，才能熬過略有損失的時期。

　　我會設定「30萬日圓」，其實還有另一個原因。

　　因為在日本，若要操作黃金、貴金屬ETF的「賣空」，

投資人在證券公司的帳戶裡，必須先存入 30 萬日圓，以作為法定最低保證金。

關於「賣空」的詳細內容，稍後會再詳細說明。簡單來說，就是我們預期股市價格會下跌時，把資金投入「跌方」，那麼只要跌價多少，我們就能獲利多少的一套機制。

要操作這種交易，必須使用證券公司提供的「信用交易帳戶」*，而要在這個帳戶進行賣空等下單作業，則要先存入至少 30 萬日圓的保證金。為籌措這筆保證金，建議各位不妨利用習慣長期性投資操作的這段時間，逐步累積。

前一章介紹過我個人的投資組合。若以這一套配置比例為基礎，那麼我們可用於短線進出的資金，大概是總投資金額的 10%～ 30%。

---

*編註：信用交易，意指可以買進超過自有現金的股票，也可以賣出放空自己手上沒有的股票。不過，以台灣來說，儘管融資額度低於 50 萬元無須提供財力證明，但想申請股票信用交易帳戶，須符合以下資格才能通過審核，取得融資進行買賣操作：1. 年滿 20 歲的本國自然人；2. 具中華民國稅務居民身份；3. 證券戶開立滿三個月；4. 證券戶最近一年成交筆數滿 10 筆以上；5. 證券戶最近一年累積成交金額，達到所申請融資信用額度的 50%；6. 證券戶最近一年所得與各種財產，達到所申請融資信用的 30%。

3 分別開設短期和長期的帳戶

　　備妥短線進出用的資金之後,接著來開設短線專用的帳戶吧!

　　短線進出用的帳戶,就是證券公司的信用交易帳戶。這裡的操作重點,是要和長期定期定額投資做出區分,在不同帳戶下操作。

　　長期性投資是透過逐月固定買進,直到需要動用這筆退休老本為止;而短線進出則要在短期內處分的資產。兩者使用同一個帳戶買賣,會很容易造成混淆。

　　儘管我們的大腦知道「長期投資的不賣,短線操作的要確實賣出」,但實際上要照表操課的難度頗高。

　　常見的混淆出錯案例,是買來短線操作的 ETF,因下跌造成帳上虧損時,投資人卻一直持有,不願認賠賣出;或者在價格上漲時,把那些為了長期投資而持有的商品賣掉。

　　如果這種操作失誤一再出現,勢必會打亂我們原本為了退休而穩定累積財富的計畫。

　　因此,將長期投資和短線操作用的帳戶分開,讓兩者在物理上沒有混淆出錯的機會,是避免類似情況發生的最有效辦法。

○ 以日本的信用交易的機制為例

那麼，信用交易帳戶又是什麼樣的帳戶呢？

首先我們先來認識一下信用交易的機制。所謂的信用交易，意指將現金或股票存在證券公司當保證金，才能進行包括 ETF 在內的股票買賣。

我在前一章曾談過黃金相關的 ETF，這種 ETF 的定期定額投資，在股市術語中稱為「股票現貨交易」，買到的股票可以長期持有。我們進行長期投資操作時，也是用這種券商的現貨交易帳戶，來存放每月買進的 ETF。

另一方面，透過信用交易帳戶買的 ETF，原則上半年內就要平倉。換言之，藉由期間限定方式持有 ETF，而投資人則靠這段期間內，因價格變動而產生的利益來獲利。

例如，我們以 1.8 萬日圓的價位，買進 10 股 SPDR Gold Shares（股票代碼：1326.T）的黃金 ETF。若一個月後漲到 2 萬日圓，且先不計手續費和利息的話，那我們可以賺到約 2 萬日圓的獲利（每股漲 2000 日圓 ×10 股）。

這些獲利，會加計到我們預存在證券公司的現金裡。

如果用 1.8 萬日圓的價位買進 10 股 ETF，後來卻跌到 1.6 萬日圓時，等於虧損 2 萬日圓，而這些虧損也會和保證金相抵。比方說，預存 30 萬日圓的保證金，最後卻虧損 2 萬日圓時，保證金就會變成 28 萬。如此一來，帳戶餘額將低於「最低保證金」的 30 萬要求。此時，投資人必須在把

帳戶內的保證金補足 30 萬，才能再次下單買賣。

　　短線信用交易和我在第三章介紹過的長期定期定額投資，兩者的思考模式截然不同。

　　以長期定期定額投資買進的現貨 ETF，即使價位跌破買進價格，也不會認賠賣出。儘管會出現所謂的未實現損失（現階段帳面上處於虧損狀態），但每月只買不賣的做法，資產總額基本上會持續增加。更何況只要長期持有下去，價格總有一天會重新站上高點，讓未實現損失歸零，甚至有機會轉為未實現獲利（現階段帳面上處於獲利狀態）。

　　至於短線進出，一旦出現未實現損失，投資人也要在半年內平倉、認賠賣出，儘管認賠賣出會使資產實際減少。而在進出的過程中，即使我們不想認賠，也必須在到期前平倉。以風險管理的觀點來看，有時確實必須在「價格波動導致損失擴大」前出場，這一點跟長期投資的現貨交易大相逕庭。

　　也就是說，信用交易是一種適合短線投資，而非長期交易的作法。相較於長期投資，短線的信用交易造成資產縮水的風險較高，因此只推薦給有一定投資操作經驗的人。

────◯ 效率好但風險高

　　操作信用交易時必須了解的第二個重點，是「可操作

資金槓桿交易」。槓桿的英文是「leverage」，意指在股票等金融商品的交易當中，可動用比手頭資金更高的金額，進行投資操作。

以股市信用交易帳戶為例，包括 ETF 在內，保證金金額的最低門檻為 30 萬日圓，買賣資產（又稱「部位」）金額的 30% 以上，這個比例即為「保證金維持率」。只要符合上述條件，存入 30 萬日圓的保證金，最多可買賣價值 100 萬日圓的金融資產。

這個機制讓我們能夠用有限的小額資金操作高額的交易，其好處在於提高資金使用效率。以「30 萬日圓現貨交易，獲利 3 萬日圓」為例，如果透過信用交易操作槓桿，同樣一筆交易，很有可能變成買進 100 萬日圓，獲利 10 萬日圓。

此時，我們在信用交易帳戶所買進的部位，稱作「多頭部位」或「長部位」（long position）。

不過，交易金額越高，也代表風險越高。比方說，當 30 萬日圓的現貨交易，以虧損 3 萬日圓成交時，那麼同一筆交易，透過信用交易帳戶買賣 100 萬日圓的商品，就會出現 10 萬日圓的虧損。

假設我們先預存 30 萬日圓的保證金，後來虧損了 10 萬日圓，如此一來，就無法滿足「寄存 30 萬日圓保證金」這個信用交易的最低門檻，所以後續的交易都會受限。

這時的虧損，並不單指平倉後實現的虧損，未實現損

失也會被列入計算。例如，當我們以 30 萬日圓的保證金，買進 100 萬日圓的 ETF 時，保證金維持率是 30%（30 萬日圓 ÷100 萬日圓）。

不過，當我們以 100 萬日圓買進的多頭部位下跌到 90 萬日圓時，就算下跌的部分還只是未實現損失，保證金還是會減少 10 萬日圓，於是保證金維持率就會降為 20%（20 萬日圓 ÷100 萬日圓）。

當持有部位下跌，使保證金對持有部位總金額的比例低於 30% 時，投資人就必須再存入現金補足差額，或拿出一些部位來平倉，讓保證金維持率回到 30%。

若無法在期限內完成上述動作，證券公司就會將投資人持有的部位強制平倉。這種補足短少的保證金的過程，即為「追繳」。跟保證金相比，持有部位金額越多，也就是保證金維持率越低時，越有可能被追繳。

只要大盤行情劇烈振盪，導致投資人出現鉅額未實現損失時，保證金維持率就可能一口氣摜破 30%。

因此，操作信用交易時，請各位務必仔細留意，妥善管理持有部位的金額。

懂得利用槓桿提高資金使用效率，固然很重要，但牢記時時確認風險是否已超出自己可承受的限度，確保預存的保證金不縮水，更為要緊。

4

空頭局面仍可爭取
獲利空間

「信用交易風險太高了。」

「用現貨交易操作短線就夠了。」

相信有不少人是這樣想的吧！從風險管理的觀點來看，這麼想完全沒錯。不把 30 萬拿去當保證金，轉而當成投資現貨的資金，就能避開操作槓桿衍生的風險。

不過，除了槓桿操作外，信用交易還有一個很重要的用途——賣空。

所謂的賣空，就是用現價賣出 ETF 等金融商品，等跌價後再買來回補，藉以從中賺取差額獲利的交易手法。要操作這樣的交易，必須先開設信用交易帳戶。

我想很多人都會覺得「一開始先賣」這件事很不對勁。這張賣掉的 ETF 要從哪裡來呢？答案是「向市場借」。先把借來的 ETF 賣掉，再趁跌價時，從市場上買回該檔 ETF，還給出借者。

這時的部位稱作空頭部位或短部位（short position）。現貨交易只要在有望上漲時買進即可，而信用交易則不只是搶賺漲價獲利，還可在股價疲軟時賣空。

換句話說，現貨交易只能在黃金等金融商品上漲時獲利，信用交易則可運用賣空操作，在上漲和下跌時都爭取獲利空間。

　　長期而言，我認為金價會持續看漲（我認為上看 5000 美元）。只要在我們將這些長期投資的商品處分變現，用來作為退休後的生活費時，帳戶裡的資金有增無減，就算是成功的投資了。

　　只不過在長期投資的過程中，金價還是會一再出現短線的上下波動，甚至還可能因為大盤行情的影響，而出現暫時性的重挫。

　　這時，我們持有的長期定期定額投資，總價值會因為金價下跌而縮水。但只要我們還持有一些短線的空頭部位，那麼金價跌多少，我們就能賺多少。

　　如此一來，在短線高低震盪的過程中，不論金價是漲或是跌，我們都能爭取到獲利空間。

5 財經新聞的解讀技巧

接下來，來想一想具體的短線操作策略吧。

我們在短線進出主要操作的是黃金和黃金相關的ETF。買進實體黃金需要負擔手續費等費用，故不適合買賣次數偏多的短線進出。反之，ETF的交易成本較低，盤中隨時都可輕鬆買賣，故適合進行短線操作。

先帶各位來了解一下進場、出場的時機。

黃金和黃金相關的投資商品，價格大多是在各國央行發佈消息時出現波動。

其中又以美元相關消息的影響力最鉅，由於金價和貨幣供給量息息相關，故美元供給量因寬鬆政策的帶動而增加時，金價也容易跟著上漲；金融緊縮時，金價則很容易隨著貨幣供給量減少而下跌。

所以，看財經新聞時，多留意美國中央銀行——亦即聯邦準備銀行（FRB）和美元相關的消息，便顯得格外重要。而天災、政黨輪替等政治大事，還有恐怖攻擊等問題都會帶來影響。因此，在接觸相關新聞資訊時，記得一併確認金價走勢。

另一方面，財經新聞還會報導一些每月定期公布的經濟指標，如：就業及失業統計、消費者信心指數等。不過，我認為這些新聞，對金價的影響不大。

　　既然是要找短線進出的時機，就要聚焦在那些規模夠大，足以撼動全球經濟的新聞來關注，效率更佳。

　　有一點要特別留意，那就是在得知相關新聞後，千萬別急著馬上跟進買賣。

　　舉例來說，發生嚴重天災時，勢必有人因為覺得經濟發展的前景不明，而急著搶購黃金，導致金價向上攀升。然而，當這些新聞曝光時，消息靈通的投資人或自動下單系統（演算法），早已買進了黃金。

　　換句話說，當新聞出現後才採取行動，很可能已經晚了一步，甚至讓一般人買在高點。

　　因此，別把這些可能影響金價的報導，視為預測金價漲、跌的素材，而是當成金價即將大幅震盪的契機。交投夠不夠熱絡，價格震盪幅度夠不夠大，才是短線進出能否獲利的觀察重點。

　　對投資人而言，懂得從新聞報導中確認行情震盪的契機到來，並了解如何看線圖預測漲跌，至關重要。

6 線圖觀察重點1：
美元指數（DXY）

　　關於如何檢視金價線圖，讓我們先從美元價格的走勢開始看起。

　　原因正如前面提過的，很多人將黃金視為一種貨幣，而在「貨幣」領域中與美元之間具有競爭關係的金價，兩者的價格走勢往往呈現負相關。

　　所以我們要在這裡用「美元指數」（DXY），來觀察美元的動向。

　　美元指數所呈現的，是用歐元、日圓、英磅、瑞郎等主要貨幣和美元對比之下，美元所處的匯率水準。

　　DXY和美元的價格連動，當DXY走強時，代表相較於其他幾種主要貨幣，美元在市場上的買氣較旺；DXY疲軟時，代表投資人正在拋售美元。

○ 2020年的DXY（美元指數）

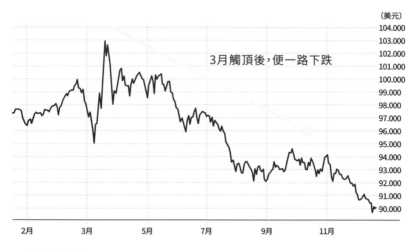

3月觸頂後，便一路下跌

資料來源：TradingView http://jp.tradingview.com/

　　從這張走勢圖，可看出美元指數（DXY）自2020年3月底觸頂後，便一路下跌。

　　這代表美元的價值處於貶值狀態，所以可以這樣解讀：和美元走勢往往呈現負相關的金價，很可能出現一波漲勢。

　　當聯準會發布各項消息時，記得一併觀察DXY線圖來掌握金價的走向。

線圖觀察重點2：
波動率指數（VIX）

接著，要來看大盤整體的行情狀況。

為此我們要來檢視「波動率指數」（Volatility Index，簡稱 VIX）。

這是一種將市場今後的波動狀況化為指數的數據，因而又有「恐慌指數」之稱。此外，VIX 也會用來呈現目前市場參與者的憂心程度究竟有多高。

VIX 上漲時，代表預期「後續大盤波動幅度會加大」的人正逐漸增加。而波動幅度加大，代表大盤走勢將在不明朗的情況下大幅震盪，所以投資人會對市場的未來動向感到憂心。換句話說，對市場感到恐慌。

由於投資人對黃金有「出事就買黃金」的觀念，多半會在大盤行情轉趨惡化時積極買進，因此 VIX 和金價之間，可說是正相關的關係。

○ 新冠病毒疫情爆發時的VIX（恐慌指數）

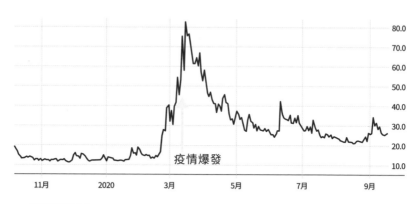

資料來源：TradingView　http://jp.tradingview.com/

　　觀察最近的線圖走勢，可發現在大盤行情穩定時，VIX約在 20 上下推移；但在疫情爆發時，竟一舉衝破了 80。

　　若再看到月線走勢圖，就會發現：2008 ～ 2009 年爆發金融海嘯之際，VIX 也出現了一波急漲行情。

　　以上都是金價上揚的時機。

　　請各位先記住兩者之間的關係性，今後在財經新聞中看到 VIX 開始上漲時，即可視為短線上買進黃金的良機。到時還有一點特別留意：這個指數終究只是一個「買進黃金的時機」，但不能完全與「買進非黃金類貴金屬的時機」劃上等號。

○ **金融海嘯時的 VIX（恐慌指數）**

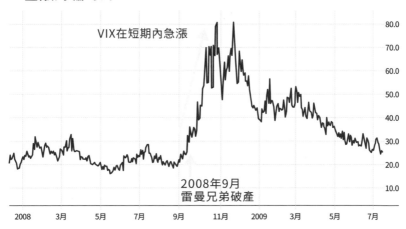

資料來源：TradingView　http://jp.tradingview.com/

　　因為和黃金相比，銀、鉑、鈀與股市的相關性還是偏高，尤其在大盤行情越不穩定的情況下，它們和股市的相關性會更顯著。

　　所以，當 VIX 上漲、股價逐步下跌時，黃金會一路走高，但銀、鉑和鈀則有可能下跌。

線圖觀察重點3：
MACD、RSI、布林通道

　　看過美元和市況之後，我們接著來看看黃金本身的 ETF 走勢圖。

　　線圖的解讀方式因人而異，有多少投資人來判讀，就會有幾種不同的解讀方向。所以，下面會以我個人使用的指標為例，帶各位認識線圖的基本判讀方式。

　　我經常檢視的指標有：MACD、RSI 和布林通道。

指數平滑異同移動平均線（MACD）

　　指數平滑異同移動平均線，簡稱 MACD（Moving Average Convergence & Divergence），是利用兩條移動平均線，來觀察價格波動趨勢的一個指標。

　　MACD 的設定參數有三種，分別是「短期 EMA*」、「長期 EMA」和「MACD 訊號」。

　　一般而言，多數投資人會將短期 EMA 設為 12，長期

---

* 編註：EMA，指數移動平均線，Exponential Moving Average。

EMA 設為 26，MACD 訊號為 9。

　　附帶一提，參數設定得越小，指標對行情變動的敏感度越高。

　　舉例來說，有些在短線上多次操作進出的投資人，會將設定參數都減半，亦即，短期 EMA 設為 6，長期 EMA 設為 13，MACD 訊號設為 4。

　　至於 MACD 的判讀方式，則是在兩條移動平均線向上攀升時為上漲趨勢、向下發展時為下跌趨勢；每當線的方向出現轉折，即為漲跌勢翻轉的時機。

　　此外，大盤處於漲勢時，兩條均線會在中心線的上方；處於跌勢時，兩條均線會在中心線的下方推移。趨勢持續越久，兩條均線會離中心線越遠。

　　要找一次性的買點、賣點時，就要觀察快線和慢線的交叉點。

　　當慢線由下往上突破快線時，就是大盤從下跌走勢轉向上漲走勢的訊號，代表買進時機。當慢線由上往下突破快線時，可視為大盤從上漲走勢轉向下跌走勢的訊號，可判斷為賣空的時機。

　　接下來，就讓我們以這些基本觀念為出發點，來看看實際的線圖。

○ 金價（2020年3月～9月）MACD

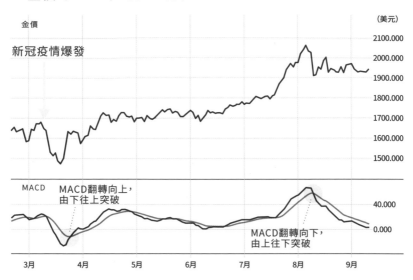

資料來源：TradingView　http://jp.tradingview.com/

　　以 2020 年的線圖為例，在金價因為疫情爆發而重挫後又反彈的轉折點上，可以看到 MACD 翻轉向上。此時，可以看到暗示走勢即將向上的突破點。

　　然後，當金價突破 2000 美元，開始由漲轉跌之際，也可以看出 MACD 翻轉向下。

　　不論多頭或空頭，MACD 都會呈現趨勢翻轉的訊號，故可作為我們進出操作的根據—— MACD 上揚時買現貨，下行時做空單。

◯── 相對強弱指標（RSI）

相對強弱指標（Relative Strength Index），簡稱 RSI，是用來呈現 ETF 在目前價位下，買氣是否過熱或過冷的一個指標。

通常我們會將 RSI 的參數（期間）設為 14，判讀方法很簡單。

當 RSI 線位在圖的上半部（50）時，代表買方優勢；位在下半部時，代表賣方優勢。而越接近圖的上緣（100），代表漲過頭的機率上升；接近圖的下緣（0），代表價格委屈的機率上升。

尋找買點、賣點時，就要看準 RSI 接近 0 或 100 的時機。

一般而言，超過 70 就可判定為買氣過熱，應評估賣空。反之，低於 30 則可判定為超賣過頭，應評估買進。

金融商品的價格總是有漲有跌，不會一直都是買單源源不絕，也不會永遠都在倒貨賣出。

以這個前提為基礎，我們可以做出這樣的預測：買氣過熱時，就會反壓下跌；超賣過頭時，就會反彈上漲。好了，下面來看看線圖吧。

○ 金價（2020年3月～9月）RSI

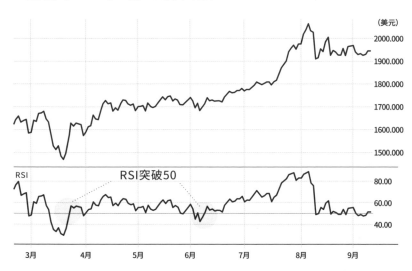

資料來源：TradingView　http://jp.tradingview.com/

　　觀察新冠疫情爆發時的 RSI，會發現當時曾一度跌到 30。後來走勢反彈上攻，金價一舉突破 2000 美元大關時，RSI 甚至曾經衝上 90。

　　看懂這個數值，各位將更容易看準走勢翻轉時機，做好反向操作的準備。

　　不過，當行情震盪劇烈時，RSI 的波動也會變得比較劇烈，數值進入 70 以上、30 以下的機會也會變多。

　　觀察金價上攻 2000 美元時的盤勢，其實也是如此——

突破 1900 美元時，RSI 就已突破 70；後來金價還繼續上攻，RSI 更是來到 90。

也就是說，如果照一般的投資劇本操作，在 70 時賣空的話，後來就會倒賠 100 美元以上。

因此，我個人除了 70 或 30 的數值，更關注 RSI 的走勢究竟是向上或向下，以及是否突破「50」這個中間值，來作為預測價格走向的根據。

──◯ 布林通道

布林通道（Bollinger Bands）是應用統計學的概念，來計算價格波動幅度（價格區間）的一套工具。通常我們會將參數──也就是「期間」設定為 20 天。

布林通道是由三條線構成：移動平均線（中線），以及移動平均線上方（正線，壓力線）和下方（負線，支撐線）的二條「標準差」（sigma σ）線型。

依據這三條線和移動平均線之間的距離，由近到遠分別稱為 1σ（1 倍標準差）、2σ（2 倍標準差）、3σ（3 倍標準差）。這些線型，呈現的是金價震盪幅度落在線型範圍內的機率。

說得更具體一點，金價落在上下均為 1σ 範圍內的機率約為 68.3％，2σ 範圍內的機率約為 95.4％，3σ 範圍內

○ 金價（2020年3月～9月）布林通道（2σ）

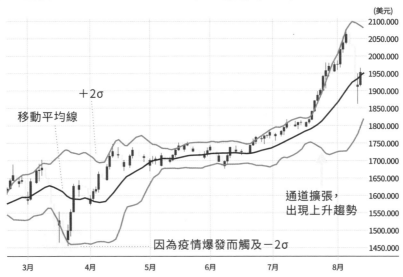

(美元)
2100.000
2050.000
2000.000
1950.000
1900.000
1850.000
1800.000
1750.000
1700.000
1650.000
1600.000
1550.000
1500.000
1450.000

+2σ

移動平均線

通道擴張，
出現上升趨勢

因為疫情爆發而觸及−2σ

3月　　4月　　5月　　6月　　7月　　8月

資料來源：TradingView　http://jp.tradingview.com/

的機率約為99.7％。

　　換句話說，金價因急漲或急跌而落到1σ範圍外的機率為31.7％，落到2σ範圍外的機率為4.6％，至於落到3σ的機率，在統計上只有0.3％。

　　金價會隨時因為買、賣雙方的平衡與否而變動。買氣過熱時就會轉買為賣，超賣過頭時就會轉賣為買。

　　因此，當金價逐步遠離移動平均線，從1σ移動到2σ、3σ時，若是上漲則賣空，若是下跌則進場買進，如此一來，出入股海的勝率就會上升。

仔細觀察上方的線型圖，會發現在新冠病毒疫情爆發時，金價已觸及－2σ。此處堪稱「在－2σ反彈」最簡單明瞭的案例。換言之，疫情爆發時的重挫，在統計上其實是一個異常值。

　　其後的上升趨勢中，金價於突破 1800 美元時衝出 2σ 之外，並直接跟著 2σ 一起上攻。這就是金價未在 2σ 回檔，導致反向操作失敗的一種模式。而這種價格和通道一起變化的狀態，稱為「漫步通道邊緣」（band walk）。

　　必須特別留意的是，當金價落在通道外的時間超過一天時，很有可能是「離群值」（outlier）。

　　那麼，我們該如何判斷反向操作有沒有效呢？

　　我希望各位關注布林通道寬度的擴張與收縮。當布林通道的寬度偏窄時，表示價格波動的幅度較小；寬度偏寬時，則代表價格震盪的幅度較大。

　　通道寬度較寬或擴張時，有趨勢正在發動的可能性很高。貿然進場反向操作，恐有嚴重虧損之虞。

　　左頁的線圖中，我們也能發現：若在金價衝出 2σ 之外，也就是 1800 美元前後反向操作，那麼我們的虧損，就會隨著金價一路上攻而擴大，直到金價突破 2000 美元為止。

　　因此，若要看布林通道來操作進出，那麼懂得如何判讀通道寬度的變化，至關重要。

　　通道寬度越窄，價格波動越小。所以不論金價是漲是

跌，都無法趁大幅震盪搶賺價差。

　　價格偏離移動平均線越遠，走勢越有可能翻轉——在
這種情況下，反向操作是很有效的做法。

　　然而，通道寬度較寬或擴張時，則很可能已有大波段
的趨勢正在發動。這種情況下，宜避免反向操作。

　　若手上已持有多頭部位（long position）或空頭部位
（short position），也可多利用布林通道來找平倉時機。

　　舉例來說，當我持有的多頭部位已有獲利（未實現利
益）時，我會在價格突破 2σ 之際，出脫五成部位來獲利
了結。

　　假如後續走勢進入「漫步通道邊緣」的狀態，就繼續
持有剩下的那一半；如果價格走勢由漲轉跌，或通道寬度
開始變窄時，就全數平倉。

　　萬一之後價格又一路上攻，想必各位一定會覺得「賣
掉那一半真是失策」。

　　然而，我們永遠猜不透價格會怎麼波動，要精準命中
價格的天花板和樓地板，更是不可能。

　　價格突破 2σ，在統計上已屬異常，因此我認為最好先
在此時讓五成部位獲利了結。

短期投資策略

9

移動平均線判讀法 &
趨勢線繪製法

運用線圖做的走勢分析中，當屬「移動平均線」最具知名度了。雖然我個人比較看重 MACD、RSI 和布林通道，但還是稍微介紹一下。

○ 移動平均線

移動平均線是用來呈現既往股價平均變動的一項指標。

因此，我們可以這樣判讀：當移動平均線上揚時，代表行情處在上升趨勢；下行時，代表行情處在下降趨勢。用現在的價格和移動平均線相比，若高於移動平均線，表示買方力道強勁；若低於移動平均線，則表示賣方力道強勁。

此外，我們也可以比較黃金和黃金以外的貴金屬走勢圖，判斷何者漲勢強勁，何者行情疲軟。

舉例來說，假設我們於 2020 年 7 月上旬時，考慮該選擇金、銀、鉑還是鈀來操作短線。然後，在看過這幾種貴金屬的走勢圖之後，我們發現這四種貴金屬都在漲，但和移動平均線（50 日線）的距離卻有些差異。

金價的移動平均線

銀價的移動平均線

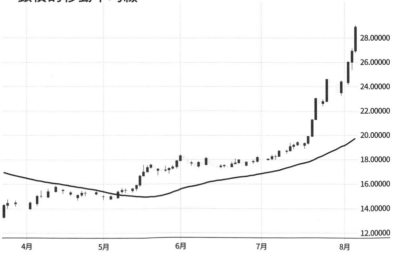

資料來源：TradingView　http://jp.tradingview.com/

○ 鉑價的移動平均線

○ 鈀價的移動平均線

資料來源：TradingView　http://jp.tradingview.com/

金和銀的價位走勢，都和移動平均線有些距離，鉑是和移動平均線相近，鈀則是在移動平均線上方。

　　看到這樣的差異時，我們可以判斷：如果它們的價格皆如預期般逐步上揚，那麼投資金和銀可賺到的價差，會比鈀和鉑來得更多。

　　附帶一提，包括移動平均線在內，技術線型分析中所運用的各種指標，參數其實都可以自由設定。

　　不過，我認為最好使用本書介紹的參數。

　　以移動平均線為例，我會用日 K 線搭配 200 日、100 日和 50 日的移動平均線來分析。為什麼我選擇這三個參數呢？因為國際級操盤手都在用，而且是極具代表性的參數。也就是說，很多人都是看 200 日、100 日和 50 日的移動平均線，來判斷是否買賣、進出。

　　基本上，每位操盤手都知道該如何判讀這些指標，當參考這些指標的人越多，在同一時間點研判「這裡要買進」、「這裡要賣出」的人也會越多。

　　當移動平均線開始翻轉向上，或 MACD 的趨勢出現翻轉訊號時，因為看到這些線型而研判為「買點」，並下單買進的人變多，價格自然比較容易隨之上揚。使用常見且具代表性的參數，會比較容易跟上這些漲跌的波段。

　　在此和各位分享一個設定參數的訣竅：當價格波動快速，例如遇上新冠疫情爆發這種特殊狀況時，不妨調低

MACD 的參數。

因為當大盤行情重挫時，不僅下跌速度快，反彈速度往往也很迅速。想在這麼短的期間內有效率地獲利，關鍵就在於要懂得盡快抓住漲跌趨勢轉換或買賣點浮現的訊號。

所以，調降設定參數，讓這些訊號及早出現，是判讀技術線型時的一大重點。

──○ 趨勢線

熟悉前面介紹過的幾項指標該如何判讀之後，下面來挑戰一下「趨勢線」吧。

趨勢線是由投資人自行在走勢圖上繪製的線，用來觀察價格波動的方向性。繪製方式很自由，甚至可以畫好幾條線。

不過，最常見的繪製方法，是在走勢圖上分別將波段高、低點相連。

實際畫出趨勢線來觀察，可以發現很多波段起漲、起跌的轉折點，都出現在連結高點或低點所畫出的趨勢線上。

透過趨勢線來掌握這種轉折點，會更容易找到下跌時的買點，以及上漲時的賣點。

這時，我們會將一條阻止金價繼續上漲，宛如天花板似的趨勢線稱為壓力線（resistance line）；至於另一條看

○ **趨勢線繪製法（2020年3月～11月金價）**

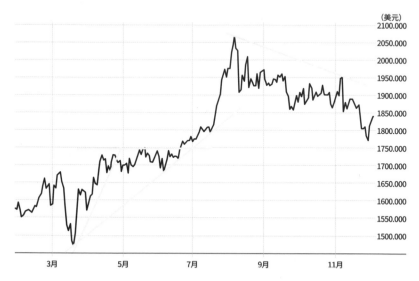

資料來源：TradingView　http://jp.tradingview.com/

似在阻止金價下跌的趨勢線，則是所謂的支撐線（surport line）。

　　價格走勢碰到壓力線後回檔的次數越多，可信度就越高；支撐線也一樣，價格走勢觸及支撐線後反彈向上的次數越多，可信度就越高。

　　壓力線和支撐線並非恆久不變。待合適時機出現，金價就會突破這兩條線。亦即，金價會突破壓力線上攻，或跌破支撐線下挫。此時可信度越高的壓力線或支撐線，在

突破或跌破後的漲、跌勢，往往會更顯劇烈。

以支撐線為例，當支撐線的可信度越高，會有越多投資人預期「碰到這條線，金價應該會反彈向上吧？」故而在接近支撐線的價位附近時，湧入許多買單。

然而，當金價跌破支撐線時，那些在支撐線附近買進的投資人，就會匆匆賣出手中部位。這股賣壓將導致跌勢變得更猛，使得金價在跌破支撐線後，下挫力道更強。

10 行情驟變時的買賣操作

　　那麼，我們現在不妨以前面一路看下來的內容為基礎，評估實際買賣時的操作手法。

　　先來複習一下投資黃金 ETF 的操作流程。首先，當市場上出現一些可能影響金價的新聞報導或動向時，要透過 DXY 來掌握美元的走勢，接著再看 VIX，了解大盤行情的動向。

　　掌握大盤整體的狀況之後，再透過線圖找出該切入哪些投資商品，以及理想的進場時機。而主要用來檢視的線圖有「MACD」、「RSI」和「布林通道」這三項指標。最後，還要觀察移動平均線，以確保判斷正確。

　　我們以新冠病毒疫情爆發時為例，遵循上述投資操作流程，來回顧一下當時的線圖。

　　首先要確認金價走勢。從 2 月底到 3 月初，金價的震盪相當劇烈，大盤行情殺聲隆隆。價格波動越大，越是操作短線進出的機會，所以看到這樣的盤勢變化時，要積極評估買賣時機。

○ 新冠病毒疫情爆發時的DXY（美元指數）

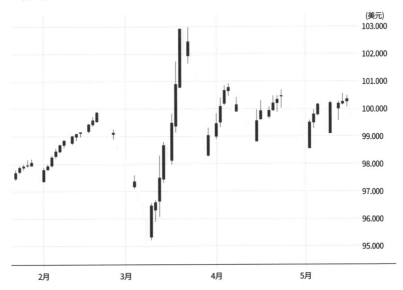

(美元)

資料來源：TradingView　http://jp.tradingview.com/

　　然而，到了3月13日前後，金價更是重挫。觀察這時的DXY，會發現它正急速上揚。而DXY呈現的是美元價值，和金價是負相關，因此我們可以預期：包括黃金在內的貴金屬，價格應該會下跌。

　　不過，金價和美元有時在短線上，會呈現相同的走勢——就如疫情爆發時的狀況一樣。而這種變動多半是暫時的。就長期來看，各位還是要常保「金價和美元走勢相反」的認知。

○ 新冠病毒疫情爆發時的VIX（恐慌指數）

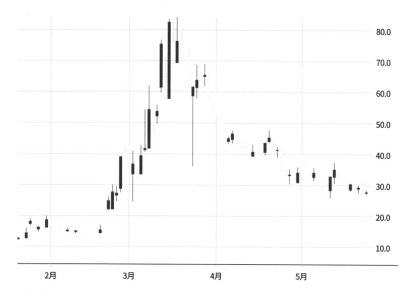

80.0
70.0
60.0
50.0
40.0
30.0
20.0
10.0

2月　　　　3月　　　　4月　　　　5月

資料來源：TradingView　http://jp.tradingview.com/

接著再看 VIX。3 月 13 日時，VIX 已上升到 70 以上。

VIX 是用來呈現市場憂心程度的指標。就這張 K 線圖來看，它與股市行情的相關性，比金價來得更密切。研判銀、鉑、鈀的價格很可能會下跌，甚至早已進入下降趨勢。

如果考慮到 3 月 13 日時，DXY 和 VIX 都還處於上升階段，那麼這個時間點買進黃金，會是風險很高的操作。

在大盤行情殺聲隆隆時，根據「出事就買黃金」的概念來買進黃金，固然是最基本的黃金投資心法；但根據 K線走勢來思考，就能做出「這種時候買進黃金或貴金屬並不妥當」的判斷。

當然，這裡討論的內容「僅限短期投資」，與長期投資毫無關係。

分析金價時，建議各位多與其他貴金屬比較。不少投資人都會先分析金價和其他貴金屬的價格比例，再操作進出。舉例來說，有些投資人在買進鉑時，會為了避險而賣出黃金。

我在第二章提過，從歷史上來看，黃金由於供應量穩定，因此和其他貴金屬相比，較不容易受景氣牽動。這個特質，請各位務必牢記。

以往金和鉑的比例大概是「1：0.65」，在新冠病毒疫情爆發後，也就是 3 月中旬時，兩者的比例來到「1：0.4」。這個變化，意味著鉑被倒貨拋售的程度，比黃金更嚴重。

那麼，我們來看下頁這一張實際的線圖吧。其內容是呈現疫情爆發後的金、銀比（gold-silver ratio）。藉由比較黃金和銀，我們可以看到銀被拋售，使得黃金的價值相對上升。

這裡我不一一介紹所有線圖，不過鉑和鈀也和銀一樣，當時被倒貨拋售的情況，比黃金更嚴重，而且和黃金相比，價值更是跌跌不休。

　　根據這些現象，我們可以看出一個操作策略：若是短線進出，很適合將包括黃金在內的貴金屬做賣空，尤其是容易與股市行情連動，再向下探底的銀、鉑、鈀，應該是比較合適的選項。

○ **新冠病毒疫情爆發時的金銀比（金價／銀價）**

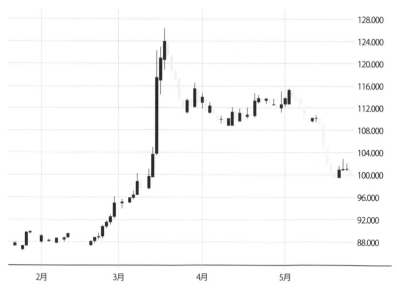

資料來源：TradingView　http://jp.tradingview.com/

看個別線圖判斷買賣進出

　　接下來，我們來評估適合賣空的三個選項——銀、鉑和鈀。

　　本書以鉑的線圖為例來解說，請參考下圖。

○ 新冠疫情爆發後的鉑價

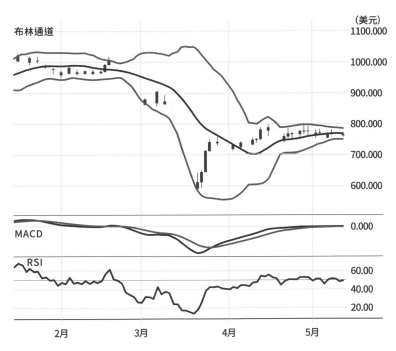

資料來源：TradingView　http://jp.tradingview.com/

3 月 13 日時的 MACD 還朝下，算是呈現下降趨勢。再觀察 RSI，同樣是向下發展，而且已經低於 50。如此一來，可看出鉑價今後仍會處於下降趨勢。

再來檢視一下布林通道，會發現 12 日時的價格曾觸及－2σ，所以後續應該會做出反向操作買進的判斷。

然而，布林通道的寬度，竟在此時迅速擴張。這種狀況下，投資人宜順勢賣空，而不是反向操作。

附帶一提，回補空單平倉的時機，是在 MACD 開始翻轉向上之際，就要買進、回補。所以建議各位在價位進入布林通道內側時，不妨先評估回補五成

以上述例子而言，MACD 在 3 月 23 日翻轉向上，26 日時出現黃金交叉。此外，在行情驟變之際，調低 MACD 的參數，也是分析線型時的一個訣竅。因為參數設定得越小，線圖越能敏銳地反映出行情變化。

───◯ 大崩盤幾個月後的買賣進出

再介紹一個關於短線進出的買進模式案例。

2020 年 7 月 9 日，我在個人 YouTube 頻道發布了一支影片，建議假如金價從 1750 美元一舉突破 1780 美元價位時，可以在短線上做買進布局。

原因在於當時金價已準備要突破短線上的壓力線。

○ **2020年7月的金價走勢**

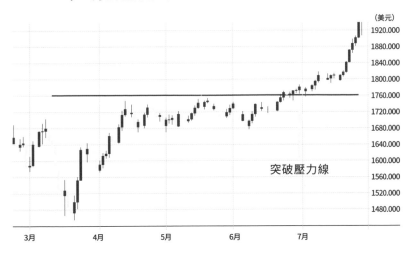

資料來源：TradingView　http://jp.tradingview.com/

　　但目前金價已走出疫情衝擊，反彈到高價水準，所以當時想必有很多人認為「買在這個價位太貴了」。YouTube的留言區也有網友表示「這種時候還買？」、「會不會太貴了一點啊？」

　　然而，重點不在於「太貴」或「好像很貴」之類的「感覺」，而是線圖所呈現的客觀數據資料。那麼，當時的技術線型，究竟是什麼樣的狀態呢？

　　我們以用同樣的分析順序，來回顧7月9日當天的線圖。

○ 新冠疫情爆發後的DXY（美元指數）

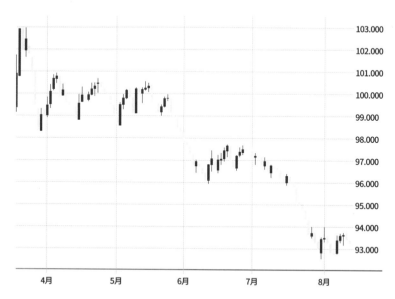

資料來源：TradingView　http://jp.tradingview.com/

首先是 DXY。

DXY 從 4 月到 5 月都在 100 前後盤整，到了 6 月便開始下滑。美元的價值下滑，意味著金價很有可能上漲。這就是一個用來判斷「可買進黃金」的根據，和各位心中覺得昂貴與否的感受無關。

○ 新冠病毒疫情爆發後的 VIX（恐慌指數）

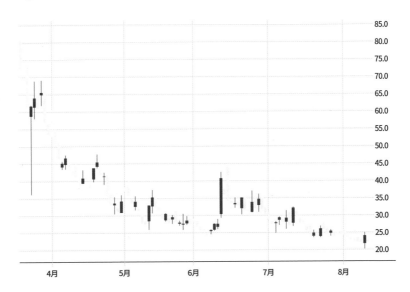

資料來源：TradingView　http://jp.tradingview.com/

接著要看的是 VIX。

VIX 在疫情爆發之初大幅上揚，後來才慢慢地回落到平時的水準。儘管在進入 6 月後曾一度上升，但隨即回落，在 7 月 9 日時已是 28 左右。由於 VIX 與金價走勢具相關性，因此從這張線圖中，看不到適合買進黃金的訊號。

不過，VIX 通常都是 20 前後，所以算是在正常偏高的狀態下推移。

那麼金價的走勢又是如何呢？

○ **新冠疫情爆發後的金價分析（MACD、RSI）**

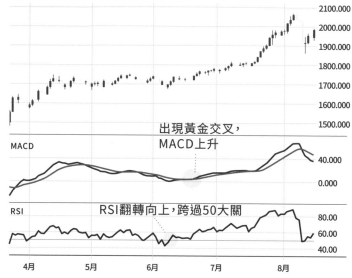

資料來源：TradingView　http://jp.tradingview.com/

　　觀察 MACD，一定發現 6 月時曾出現黃金交叉，使 MACD 開始翻轉，向上攀升。這代表後續很有可能進入上升趨勢，因此只要出現這樣的線型，就可做出買進判斷。

　　RSI 也呈現相似的走勢。自 6 月站上 50 大關後，便持續在 50 以上推移；到了 7 月之後，則是在 60 以上盤整。這代表除了買方力道強勁，也因為數值還在 70 以下，所以目前買盤尚未過熱。這個線型，也說明了此時是買進良機。

○ 新冠疫情爆發後的金價分析（布林通道：2σ）

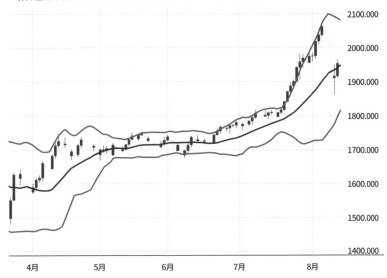

資料來源：TradingView　http://jp.tradingview.com/

　　布林通道在 7 月 9 日時的寬度還很窄，表示當時價格波動的幅度還很小。若想有效率地透過短線進出的操作來獲利，波動幅度要越大越好，因此就圖中的狀態來看，其實不太適合操作短線進出。

　　不過，後來金價數度觸及 2σ，並在推移的過程中逐步推升通道。

　　最後要確認的是移動平均線。

○ **新冠疫情爆發後的金價分析（移動平均線）**

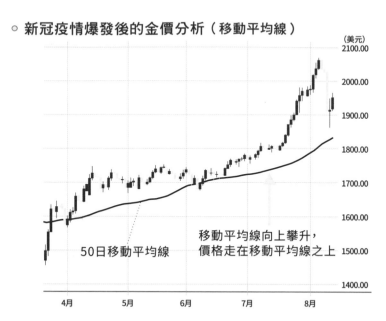

資料來源：TradingView　http://jp.tradingview.com/

　　7月9日時的50日移動平均線向上攀升，價格則走在移動平均線之上。

　　從這個線型當中，可看出金價很可能處在上升趨勢。而從這一點也可研判：短線進出是獲利可期的操作。

　　綜觀這些客觀的數據資料，會發現在7月9日時，短線進出是個很值得考慮的選項。於是我便以這樣的判斷為基礎，推薦投資人在短線上買進GLD、IAU，或日本市場的1326.T。

11 提升個人投資技術，享受投資樂趣

　　若從累積養老資金的觀點來看，短線進出其實不是非做不可，而且所有操作都以「自行判斷、自負盈虧」為最高指導原則。

　　不過，如果操作得宜，短線進出可優化投資績效，還可望讓自己的投資技術更上一層樓。短線的操作方式也是五花八門，還能加入各種不同巧思。

　　起初或許會覺得有點難度，但只要累積一些經驗之後，操作起來就能得心應手。投資固然有賺有賠，但不論成功或失敗，相信各位都能從中學習、成長。

　　我在書中介紹了一些自己身體力行的投資操作。倘若你另產生了一些「換個方式或許也不錯」的想法，建議實際嘗試看看，親自檢驗成效。

　　書中介紹的線圖判讀與指標運用等分析手法，除了黃金之外，亦可運用在其他金融商品的投資操作，例如套用在股票等商品的買賣上。

　　投資的選項變多，可投資的商品也會變得更廣泛多樣，讓投資過程變得更有意思。

守護資產必備的
三大關鍵概念

感謝您耐心讀完本書。

「投資黃金好像很有意思。」

「我也來買一點看看好了。」

期盼本書能成為一個契機，讓更多人萌生這種想法。

最重要的是「跨出第一步」和「持之以恆」。

關於「跨出第一步」，其實包括黃金在內，但凡投資必定會伴隨著資產縮水的風險，而且這些風險絕不可能完全消失。

因此，請千萬記得：投資理財終究是由投資人自行負責。

不過，如果你還沒有開始投資理財，再這樣下去，絕對會讓自己的人生蒙受極大的機會損失。

本書開宗明義地告訴各位：投資的期間越長，資產將因為複利效益，而像滾雪球一樣越滾越大。

所以如果你是投資新手，請務必從第四章介紹的長期投資開始著手。

我認為以目前的歷史性低利率和貨幣供應量增加的情況下，如果只因為害怕遭遇小小的失敗而對投資卻步，反而會讓你的人生陷入更巨大的風險。

　　至於「持之以恆」，我認為不論遇上多大的失敗，只要能持續投資的資金不歸零，就能繼續操作下一筆投資。

　　投資和賭博不同。雖然投資難免失敗，但若能從中學到教訓，那麼失敗等同於磨鍊投資技術的機會。這樣轉念一想，所謂的投資風險，也可以說是一種成長的機會。

　　能從單次投資大賺一筆固然可喜，但能否持續、長久地獲利更為重要。所以我覺得要全力避免那種因為一次投資失利，就賠光所有身家的事態發生。

　　本書最後要以這個觀點為基礎，傳授幾個守護資產的必備概念。

　　守護資產的第一個關鍵：擁有自己的一套投資策略。

　　投資要有紀律，懂得自行擬訂規則並落實遵守，尤其重要。因為一次投資失利而敗光所有資金的人，腦中根本毫無策略。那些輕信網路小道消息，在市場胡亂殺進殺出的投資人，就屬於這種類型。

　　請各位務必好好擬訂投資策略，以免落入慘賠出場的窘境。

若要下單買進，就先設想買了之後打算怎麼辦。萬一出師不利，要懂得反省失敗的原因，並修正投資規則，避免重蹈覆轍。

準備一本投資筆記或日記，也是一個好方法。你可以在上面記錄自己的投資操作，以便準確掌握每次買進或賣出的原因。

守護資產的第二個關鍵：別接「掉下來的刀」。

看到股市因為疫情爆發等因素而大跳水時，我們不免覺得「好便宜」而考慮趁機出手買入。但這種操作其實是一種豪賭，而且是很危險的豪賭。

若要穩紮穩打地累積財富，那麼我們應該觀察價格波動的趨勢，而非撿便宜的時機。選擇在跌勢收斂、趨勢翻轉向上後再買進，就可降低慘賠風險，並爭取獲利。

守護資產的第三個關鍵：失敗時「坦然承認失敗」。

我個人認為，在三大關鍵當中，這一點尤其重要。

越是對自己有自信的人，越難承認自己犯的錯。這點在聰明幹練或社會地位較高的人士身上更加顯著，這種人很容易耽溺於過去的成功經驗，深信自己的判斷不可能出

錯，因而不懂得該適時停損，甚至會在已經虧損的個股上繼續加碼，導致災情更加慘重。

人畢竟不是神，無法精準地預測價格波動，也不可能總是買在最低點，賣在最高點。秉持這個最高指導原則，不怕犯錯，且能坦然承認錯誤的人，才能在資本市場妥善守護資金，順利累積資產。

希望各位牢記以上三大關鍵概念，當個傑出的投資人。

我也會繼續學習投資新知，並在我個人的 Youtube 頻道「Dan Takahashi - PostPrime」分享學習心得和市場觀察。

youtube.com/c/DanTakahashiPostPrime

有興趣了解更多投資觀點的讀者，請務必上網瀏覽。

最後，謹在此向協助本書順利出版的各界人士、我在美、日兩地的家人，以及鑽石出版社的工作團隊，致上由衷的謝意。

高橋丹

華爾街頂尖操盤手的黃金投資法

7 大獲利商品、2 大操作手法，金融危機下的致富之鑰

超カリスマ投資系 YouTuber が教える ゴールド投資リスクを冒さずお金持ちになれる方法

作　　者：高橋丹；伊達直太
譯　　者：張嘉芬

幸福文化出版社

總 編 輯：林麗文
副 總 編：梁淑玲、黃佳燕
主　　編：高佩琳、賴秉薇、蕭歆儀
行銷企劃：林彥伶、朱妍靜
責任編輯：高佩琳
封面設計：FE 設計
內頁排版：鏍絲釘

讀書共和國出版集團

社　　長：郭重興
發行人兼出版總監：曾大福
業務平台總經理：李雪麗
業務平台副總經理：李復民
實體暨網路通路協理：林詩富
海外通路協理：張鑫峰
特販組協理：陳綺瑩
印 務 部：江域平、黃禮賢、李孟儒

出　　版：幸福文化出版社
地　　址：231 新北市新店區民權路 108-3 號 8 樓
粉 絲 團：https://www.facebook.com/happinessbookrep/
電　　話：（02）2218-1417
傳　　真：（02）2218-8057

法律顧問：華洋法律事務所 蘇文生律師
印　　製：通南彩色印刷有限公司

團體訂購另有優惠，請洽業務部：
（02）2218-1417 分機 1124

發　　行：遠足文化事業股份有限公司
郵撥帳號：19504465
網　　址：www.bookrep.com.tw
客服信箱：service@bookrep.com.tw
客服專線：0800-221-029

初版一刷：西元 2022 年 09 月
定　　價：420 元
ISBN：9786267046746（平裝）
ISBN：9786267046876（EPUB）
ISBN：9786267046883（PDF）

CHO CHARISMA TOUSIKEI YouTuber OSHIERU GOLD TOUSHIby TAKAHASHI DAN
Copyright © 2021 Dan Takahashi
Complex Chinese translation copyright ©2022 by Happiness Cultural, an imprint of Walkers Cultural Co., Ltd.
All rights reserved.
Original Japanese language edition published by Diamond, Inc.
Complex Chinese translation rights arranged with Diamond, Inc.
through LEE' s Literary Agency

有著作權 · 侵犯必究 All rights reserved
本書如有缺頁、破損、裝訂錯誤，請寄回更換。
特別聲明：有關本書中的言論內容，不代表本公司 / 出版集團之立場與意見，文責由作者自行承擔。

國家圖書館出版品預行編目 (CIP) 資料

華爾街頂尖操盤手的黃金投資法：7 大獲利商品、2 大操作手法，金融危機下的致富之鑰 / 高橋丹，伊達直太著；張嘉芬譯 .-- 初版 .-- 新北市：幸福文化出版社出版：遠足文化事業股份有限公司發行，2022.09　面；　公分 .-- (富能量；42)
譯自：超カリスマ投資系 YouTuber が教えるゴールド投資：リスクを冒さずお金持ちになれる方法
ISBN 978-626-7046-74-6(平裝)
1.CST: 黃金 2.CST: 黃金投資 3.CST: 投資分析
561.31　　　　　　　　　　　111005585